기도에 대하여

원문 텍스트 출처: PG(Patrologia Graeca)

Korean Translation Copyright ⓒ2024 Korean Orthodox Editions
All rights reserved

기도에 대하여

초판1쇄 인쇄 2024년 4월 25일
초판1쇄 발행 2024년 4월 25일

지 은 이   성 요한 크리소스토모스
옮 긴 이   그레고리오스 박노양
엮 은 이   엘레니 조혜원
펴 낸 이   암브로시오스 조성암 대주교
펴 낸 곳   정교회출판사
출판등록 제313-2010-5호

주   소   서울시 마포구 마포대로18길 43
전   화   02-364-7020
팩   스   02-6354-0092
홈페이지   www.philokalia.co.kr
이 메 일   orthodoxeditions@gmail.com

ISBN 978-89-92941-69-3 03230
값 12,000원

ⓒ 정교회출판사

이 책의 저작권은 정교회출판사에 있습니다.
저작권법에 의해 한국 내에서 보호를 받는 저작물이므로 무단 전재 및 무단 복제를 금합니다.

The publication of this book was made possible through the generous donation of the Orthodox Christian Mission Center(St. Augustine, FL., U.S.A.).

성 요한 크리소스토모스

기도에 대하여

그레고리오스 박노양 옮김

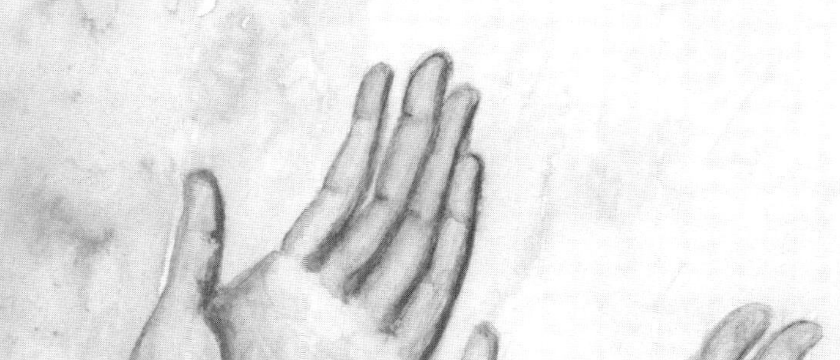

정교회출판사

머리말

기도는 가장 어렵고 수고스러운 일임이 분명합니다. 그런 이유로, 기도를 많이 하는 사람은 적고, 기도를 올바르게 하는 사람은 더더욱 적습니다.

그러나, 그와 동시에, 기도는 이 지상에서 가장 중요한 일이기도 합니다. 사람이, 하늘에 계신 하느님의 이름을 쉬지 않고 찬양하는 천사와 닮도록 해주기 때문입니다.

사도 바울로의 권면처럼 '쉬지 않고'(데살로니카 전 5:17 참조) 기도하는 사람은 하느님과 지속적으로 '대화'하고 있는 것이고, 하느님과 하나로 연합되는 것이며, 하느님의 은총과 능력을 받아들이는 것이 됩니다. 그렇기에 기도하는 사람 앞에서는 악마도 힘을 쓰지 못합니다.

삶에서 우리가 어떤 어려운 일을 해나갈 때 훌륭한 선생님과 인도자가 필요한 것처럼, 기도에서도 마찬가지입니다. 그래서 제자들은 그리스도께 기도를 하는 방법을 가르쳐달라고 요청했고(루가 11:1 참조), 그렇게 해서 우리는 '주의 기도'라는 전례없이 위대하고 탁월한 기도를 물려받게 되었습니다.

그리스도 교회의 수 세기에 걸친 역사 동안, 성령의 빛을 받은 많은 성인들이 위대한 기도문을 썼고, 이 기도문들은 우리가 오늘날에도 사용하고 있습니다. 성인들은 또한 기도에 관해 이야기하면서 우리가 어떻게 해야 올바르게 기도하는지를 알려주기도 했습니다. 그중 가장 위대한 스승 가운데 한 분이 바로, 초대 교회의 위대한 교부, 요한 크리소스토모스 성인입니다.

성 요한 크리소스토모스의 방대한 저술 가운데에는 기도에 관한 자료도 풍부합니다. 이 자료들은 우리에게 기도의 위대한 가치를 가르쳐주고, 올바르게 기도하는 방법도 가르쳐줍니다.

예를 들어, 기도에 관한 설교에서 요한 크리소스토모스 성인은 다음과 같이 말씀했습니다.

"기도는 우리가 올바른 태도로 한다면, 훌륭한 무기가 됩니다. 기도는 아주 중요한 무기이고, 안전한 대피소, 놀라운 보물, 평화로운 항구, 누구도 침범할 수 없는 안식처가 됩니다. 기도는 크나큰 유익을 줍니다. 누군가가 덕 있는 사람과 대화를 나누며 적지 않은 유익을 얻는다면, 하느님과 대화를 나누기에 합당케 된 자는 얼마나 더 큰 유익을 누리겠습니까? 기도는 하느님과의 대화이니 말입니다."

"성벽이 없는 도시는 적들에게 쉽게 함락되듯이, 기도와 간청으로 울타리 쳐져 있지 않은 영혼은 악마에게 쉽게 굴복되고 모든 죄와 해악을 받아들이게 됩니다."

독자 여러분들은 이 책에서 요한 크리소스토모스 성인의 설교에서 발췌한 기도에 관한 중요한 내용들을 만나게 될 것입니다. 이 책을 통해 많은 분들이 기도하는 방법을 배우게 되길, 특히 기도를 올바르게 하는 방법을 배우게 되기를 기원합니다.

2024년 거룩한 대 사순절에
정교회 한국 대교구
† 암브로시오스 조성암 대주교

† 조성암 대주교

서문

　우리 정교회는 교부 전통을 충실하게 이어가는 교회로 여겨져 왔습니다. 오늘날도 우리는 자주 교부들을 참고하며 그들이야말로 교리와 신학적 사유의 틀을 정초하였을 뿐만 아니라 우리에게 참된 삶의 기풍과 정교 영성의 형식과 내용을 제시해주신 가장 위대한 신학자들이요 스승들이라고 여깁니다. 교부들의 정신과 그것을 우리의 삶 속에서 되새김하는 것은 우리들 각자의 영성을 교부 전통과 이어주는 길입니다.
　이 정교 영성의 가장 중요한 측면 중의 하나는 가장

단순한 형태의 기도를 통해 하느님과 변함없이 이어가는 친교입니다. 기도는 일종의 호흡이 되고, 영적 삶의 산소공급이 됩니다. 교부 전통에 따르면 몇 가지 종류의 기도가 있습니다. 이 책에 포함된 요한 크리소스토모스 성인의 기도에 관한 글은 경탄할 만한 사목적 역량을 가지고 기도들의 형태(개인적 기도와 전례적 혹은 교회 공동체적 기도)를 분석합니다.

먼저 기도와 하느님에 대한 기억은 동일한 것입니다. 호흡이 우리의 존재에 생명을 주고, 호흡이 멈추는 순간 곧바로 죽음이 뒤따르듯이 마찬가지로 기도와 하느님에 대한 지속적인 기억이 없다면 우리는 영적인 죽음에 떨어지고 맙니다. 여기서 '하느님에 대한 기억'과 '죽음에 대한 기억'에 대해 말할 때, 그것은 우리가 구원을 요청하면서 마음속으로 하느님의 이름을 끊임없이 되풀이하는 것일 뿐만 아니라, 우리의 삶 전체가 그분과 관계되고 우리의 말과 행동이 그분의 현존에 영향받아야 한다는 의미이기도 한 것임을 분명히 알아야 합니다. 우리의 궁극적인 최종 목적지는 완전, 즉 '테오시스(신화神化)'입니다. 우리는 성령에 의해 성화되고 변모될 때 테오시스에 이를 수 있습니다. 요한 크리소스토모스 성인은 다양한 형태의 내적 기도를 분석하면서, 우리 자신이 테오시스에 이를 수 있는 세 가지 방법에 대해 강조합니다.

1) 개인 기도

개인적 혹은 사적인 기도는 많은 신자들이 규칙적으로 아침과 저녁에, 또 식사 전후에, 그리고 일을 시작하기 전과 후에 드리는 기도로, 각자의 삶의 조건들과 매일매일의 특별한 필요에 따라 개인만의 고유한 기도 내용을 가지고 드리는 기도입니다. 평신도는 또한 교회에 의해 확립된 전례 기도를 이 개인 기도에서 사용할 수도 있습니다. "하늘에 계신 우리 아버지…"로 시작되는 '주님의 기도'나, "하늘의 임금이시여, 위로자시여, 진리의 성령이시며 어디에나 현존하시는 이여…"로 시작되는 '성령께 드리는 기도'가 그 예가 될 수 있습니다. 또는 수도원에서 수도자들이 "주 예수 그리스도, 하느님의 아들이시여, 죄인인 나를 불쌍히 여기소서"라는 예수 기도를 마치 마음속에서 호흡처럼 기능하도록 지속적으로 드리듯이, 세상 속에서 살고 있는 우리도 특별한 축복이나 격식

없이도 하느님에 대한 기억을 이렇게 유지할 수 있고, 이러한 기억의 창조적이고 긍정적인 작용을 통하여 우리의 영적인 경험들을 은총으로 양육하게 할 수 있습니다.

2) 가족 기도와 단체 기도

개인 기도보다 더욱 중요한 것은 가족 구성원이나 그룹으로 또는 생활 속의 동료들과 함께 드리는 기도입니다. 이 기도는 공동체에 속한 개개인에게 영적인 유익을 가져다줄 뿐만 아니라 결정적으로 모든 이들의 단합, 평화로운 인간관계 형성, 그를 통한 삶의 질 향상에 기여합니다. 이 단체 기도 역시 개인 기도와 같은 요소들을 포함합니다.

3) 교회의 전례 기도

이것은 가장 중요한 기도입니다. 이것은 우리에게 성화를 가져다주는 교회의 성만찬 예배, 각종 성사 그리고 여러 가지 거룩한 예식들 안에서 드려집니다. 여기서 사람은 더 이상 한 개인이 아닙니다. 그는 인격으로 변화되고, 거룩하게 하는 교회 공동체의 일원이

됩니다. 신앙, 기도, 성화, 구원은 더 이상 개인의 은사나 영적 성취가 아니라, 교회의 구성 요소로 경험되고, 성령의 살아있는 현존이 교회 역사와 우리의 개인적 삶에 제공해주는 은사적 경험의 표현으로 경험됩니다.

   요한 크리소스토모스 성인은 교회 전례 기도의 중요성을 강조합니다. 전례적 삶의 최고 권위자로서, 또한 정교회에서 연중 거의 모든 시기에 드려지는 성만찬 예배의 저자로서, 그는 다른 두 형태의 기도, 즉 개인 기도와 단체 기도는 언제나 전례 기도의 신학적이고 영적인 내용들로부터 영감을 얻고 풍요롭게 되어야 한다고 강조합니다.

                                      일리아스 디아쿠마코스 신부

차 례 · 기도에 대하여

- 머리말 004
- 서문 007

017 가치를 매길 수 없는 유익
018 기도는 무엇입니까?
020 우리는 어디에서 기도해야 할까요?
023 끈기와 인내로 기도하십시오.
030 무엇이 기도를 방해하나요?
033 기도의 필요성
036 기도와 성만찬 예배
040 우리의 기도에 유익이 되는 응답
044 질 높은 기도
050 교회에 가는 것과 기도
052 기도할 장소와 시간
055 기도의 역동성
059 신자들의 모임에서 드리는 기도
062 개인적으로 드리는 기도
066 기도하는 동안의 우리의 자세
069 기도 사역자로서의 신자
073 기도의 "넘치는 가치"

076 천사들의 삶에서 배움
078 기도를 통해서 우리는 지혜를 사랑하는 마음을 얻습니다
082 간절하고 끈기 있는 기도
088 기도와 참회
091 어떻게 할 때 기도의 유익이 나타나지 않을 수 있나요?
098 기도할 때 몸과 마음의 자세
104 금식과 기도
107 교회의 기도

109 주 예수 그리스도께 바치는 카논
129 지극히 온유하신 주 예수 그리스도께 드리는 기립찬양
151 우리 주 예수 그리스도께 드리는 기도
157 성 요한 크리소스토모스의 '시간에 따른 기도'

기도에 대하여

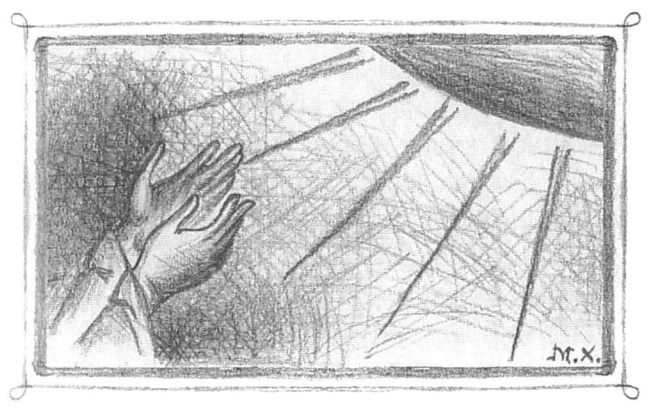

가치를 매길 수 없는 유익

 우리 모두는 우리의 자신의 내적 자아와 또한 특별히 우리가 사랑하는 이들과 친교를 나눌 심리적 필요를 경험합니다. 하지만 우리에게 궁극적으로 필요한 것은 하느님과 친교를 나누는 것입니다.
 기도는 우리가 성부 성자 성령이신 하느님과 친교를 나누는 수단입니다. 바람직한 태도를 가지고 드린다면, 기도는 분명 우리 모두에게 절대적인 유익과 특별한 영광이 될 것입니다. 하지만 불행하게도, 이 특전을 최대치로 사용하는 사람은 매우 적습니다.

기도는 무엇입니까?

 기도는 아주 중요한 무기, 놀라운 장식, 안전한 대피소, 평화로운 안식처, 축복과 부요함의 보고(寶庫)입니다. 그 누구도 우리에게서 그것을 빼앗아 갈 수 없습니다. 또한 기도는 신자들의 방어벽, 굳센 팔, 우리 영혼을 정화하는 수단, 우리 죄의 속죄요, 측량할 수 없는 축복의 원천이라고 말할 수도 있습니다. 정말로 기도는 분명 하느님과의 대면이고, 만물의 주님과의 대화이기 때문입니다. 분투하여 하느님과 끊임없는 대화를 누릴 자격을 얻은 사람보다 더 행복한 사람이 과연 누구겠습니까?

만약 어떤 사람이 겸손하고 신심 깊은 사람을 만나 대화한다면, 그는 분명 그로부터 큰 유익을 얻을 것입니다. 그렇다면 하느님과 대화할 특전을 누리는 사람은 또 얼마나 더 큰 축복을 누리겠습니까? 이렇게 기도는 하느님과의 인격적인 대화입니다. 또 기도는 기적의 약이라고 말할 수도 있습니다. 하지만 우리가 그것을 어떻게 사용할 줄 모른다면, 그것으로부터 아무런 유익도 얻지 못할 것입니다.

* * *

"속임수를 쓰는 악마에 대항할 수 있도록 하느님께서 주시는 무기로 완전무장을 하십시오. 우리가 대항하여 싸워야 할 원수들은 인간이 아니라 권세와 세력의 악신들과 암흑 세계의 지배자들과 하늘의 악령들입니다. … 여러분은 또한 언제나 기도하며 하느님의 도우심을 청하십시오. 모든 경우에 성령의 도움을 받아 기도하십시오. 늘 깨어서 꾸준히 기도하며 모든 성도들을 위하여 간구하십시오. …"

(에페소 6:11-19)

우리는 어디에서 기도해야 할까요?

    우리는 특별히 하느님의 교회에서, 거룩한 성만찬 예배가 거행되는 장소에서, 하느님과 친교를 나눌 수 있습니다. 다시 말해 하느님께 기도드릴 수 있습니다. 하지만, 모든 곳이 또한 기도의 장소로 변할 수 있습니다. 우리가 원할 때면 언제든 매시간 매순간 그분과 친교할 수 있는 전당은 바로 '우리의 마음'입니다. 기도는 위대한 힘과 강력한 무기가 됩니다. 그것은 가치를 매길 수 없는 보화이고, 안전의 공급자이며, 평화의 안식처입니다. 기도는 악마의 무리를 무찌르고 사탄과 사악한 사람들에게서 우리를 보호합니다. 시편 기자가 노래하듯이, 기도할 때, 주님은 가난한 자들과 비참한 자들의 피신처가 되십니다. 그 안전성이나 또 그것에 도달할 방편의 용이함에 있어서 이어 필적할 만한 피신처는 존재할 수 없습니다. 다른 모든 피신처들은 적들이 호시탐탐 노리고 있기 때문에 언제나 안전한 방벽이라고는 할 수 없습니다. 시간과 장소 그리고 그 밖의 다른 여러 어려움이 우리를 방해하지만, 우리 마음속에 있는 이 피신처는 우리가 열망과 열정을 가지고 찾기만 하면 언제든지 즉각 찾을 수 있습니다. 예레미야 예언자는 이렇게 말합니다. "나는 네 가까이 있는 하느님이지 네게서 멀리 있는 하느님이 아니니라."(예레미야 23:23 참고) 그러므로 우리는 먼 길을 갈 필요가 없습니다. 낯선 곳으로 옮겨갈 필요도 없습니다. 우리가 집에 있는 동안, 우리 안에서 기도의 이 거처를 발견하는 것은 정말 쉽기 때문입니다.

* * *

"너희 모든 피조물들아, 그가 다스리는 모든 곳에서 주님을 찬미하여라. 내 영혼아, 주님을 찬미하여라."

(시편 103:22)

끈기와 인내로 기도하십시오.

우리가 기도할 때 그 결과를 얻으려면 끈기와 인내가 필요합니다. "주여, 나를 불쌍히 여기소서!"라고 끊임없이 부르짖었던 가나안 여인은 바로 이것을 우리에게 가르쳐줍니다(마태오 15:22 참고).

우리는 이점에 큰 관심을 기울여야 합니다. 가나안 여인은 인내를 통해서, 직전까지만 해도 그리스도께서 제자들이 보는 앞에서 분명하게 거절하셨던 바로 그 일을 성취했던 것입니다. 하느님께서는 우리 문제와 관련하여 다른 그 누구의 기도보다도 우리 자신이 기도하는 것을 더 좋아하신다는 것을 알아야 합니다.

말해 보십시오. 높은 사람의 도움이 필요하다면, 돈이든 공손함이든 멀고 험한 길이든 우리가 마다하겠습니까? 이 세상의 부자와 높은 권력자들은 우리가 필요로 하는 것을 바로 주지 않고 꾸물거리기 일쑤이고, 보통은 우리와 말을 섞으려고 하지도 않기 때문입니다. 그래서 우리는 먼저 그들과 가까운 사람들, 그들의 종이나 비서나 사무원에게 다가가서 손을 비비고 간청하고 달래고 심지어 뇌물을 쥐어 주어서, 우리의 요청이 만족되거나 우리의 일이 성사될 수 있게 합니다.

하지만 기도 안에서는 정반대의 일이 일어납니다! 하느님께서는 우리를 위해 다른 사람이 청탁하는 것을 반기지 않으십니다. 오히려 우리 자신이 그분께 직접 간청하는 것을 더 좋아하십니다. 게다가 그분은 우리가 무엇이든 필요한 것이 있을 때 요청하면 오히려 우리에게 고마워하십니다.

그분은 우리가 무언가를 요구할 때, 빚진 자처럼 반드시 들어주어야 한다고 생각하는 유일한 분이십니다. 그분은 우리가 빌려준 것도 맡겨 놓은 것도 아닌데 뭐든지 들어주시는 유일한 분이십니다. 그리고 우리가 믿음과 인내로 끈기 있게 기도하는 것을 볼 때면, 아무 대가도 바라지 않으시고 그것들을 들어주십니다. 하지만 우리의 기도가 힘이 없으면, 그분은 우리 요구를 들어주시기를 미루십니다. 우리에게 무관심하시거나 우리를 업신여기셔서가 아니라 그렇게 미루심으로써 우리가 보다 더 뜨거워지고 그래서 더욱 집중하여 기도하게 되길 원하시기 때문입니다.

여러분의 기도가 하느님의 응답을 받았다면, 그분께 감사하십시오. 그렇지 않다면, 그 기도가 응답받을 수 있도록 신뢰를 가지고 그분 가까이에 계속해서 머무십시오. 또한, 여러분의 죄로 그분께 상처를 입혀드렸다고 느낀다 해도 절망하지 마십시오. 만약 여러분이 누군가에게 원망을 살 일을 했다 해도, 아침 오후 저녁 어느 때나 그 사람 앞에 나타나서 겸손하게 용서를 구한다면 그는 분명히 당신을 용서해 줄 것입니다. 하물며, 사랑이 충만하실 뿐만 아니라 그 자신이 사랑의 화신이신 하느님께서 우리에게 연민을 품지 않으시겠습니까?

그러므로 기도하는 사람, 간구하는 것들의 즉각적

인 성취를 요청하는 사람, 주님께서 응답을 미루실 때 거절당한 느낌을 가지는 사람 모두 위의 이야기를 마음에 꼭 담아두십시오. 나는 그런 사람들에게 충고합니다. "뜨겁게 기도하되, 인내하라."고 말입니다. 그러면 그들은 대답합니다. "나는 한 번, 두 번, 세 번, 열 번, 스무 번이나 기도했지만 아무런 응답도 받지 못했습니다." 그러면 나는 다시 말합니다. "응답 받을 때까지 멈추지 마십시오. 아니, 더욱 훌륭한 것으로, 응답을 받았을 때라도 기도하길 멈추지 마십시오. 여러분의 기도가 응답을 받기 전이라면, 끈기 있게 기도하고, 응답의 은총을 받았을 때는, 하느님께 감사드리고 찬양 드리십시오."

하느님께서 매우 자주, 우리를 도와주시기를 거절하시는 것 같아도 사실 그것은 다만 우리의 요청을 들어주시기를 유보하실 뿐이라는 것을 명심하십시오. 그렇다면 하느님께서 미루시는 이유는 무엇일까요? 하느님께서는 우리가 기도 안에서 끈기 있게 머물러 있게 하심으로써 가장 알맞은 때에, 오직 우리의 간구가 우리에게 가장 최선의 것이 될 수 있을 경우에만 들어주시길 원하십니다. 자식을 사랑하는 모든 아버지가 다 그렇지 않습니까? 아버지는 때때로 아이가 원하는 것을 주지 않고 거절합니다. 그것은 아버지가 자식이 원하는 것을 들어주기 싫어서 그런 것이 아니지 않습니까? 자식의 요구를 들어주기에 적절한 때가 아니고 또 자식에게 이롭지 않기 때문에 그런 것이 아닙니까?

그러므로 하느님께서 우리의 원을 들어주실 때뿐만 아니라 그것을 들어주지 않으실 때도 마찬가지로 하느님께 감사드립시다. 이 둘 모두가 다 우리 영혼의 유익을 위한 것이기 때문입니다. 받았을 때뿐만 아니라 받지 못했을 때도 사실은 우리에게 유익하지 못한 것을 받지 못함으로써 또한 받은 것이기 때문입니다. 그러므로 우리 기도가 응답받지 못하는 것이 더욱 유익할 때가 존재한다는 것, 그리고 우리가 실패라고 생각하기 쉬운 것이 실상은 참된 성공일 수 있다는 것을 전적으로 확신하십시오.

요약하자면, 우리의 기도의 효력은 크게 다섯 가지 요인에 의존합니다. 첫째, 우리는 하느님께 간청한 것을 받을 자족이 있습니까? 둘째, 우리의 기도는 하느님의 뜻과 일치합니까? 셋째, 우리의 기도는 지속적입니까? 넷째, 우리는 하느님께 전적으로 의탁하고 있습니까? 그리고 다섯째, 우리는 우리에게 영적으로 유익한 것을 하느님께 간청하고 있습니까?

우리는 의인들과 성인들도 하느님께 끊임없이 기도하였지만 때때로 그들의 기도가 응답받지 못하는 경우가 있었다는 사실을 잘 알아야 합니다. '선택받은 그릇'인 바울로 성인보다 더 의로운 사람이 누가 있겠습니까? 하지만 바울로 성인도 자신에게 유익할 것이라 생각하여 무언가를 요청하였지만, 그의 간구는 응답되지 않았습니다. "나는 그 고통이 내게서 떠나게 해주시기를 주님께 세 번이나 간청하였습니다. 그러나 주님께서는 '너는 이미 내 은총을 충분히 받았다. 내 권능은 약한 자 안에서 완전히 드러난다.' 하고 번번이 말씀하셨습니다."(고린토 후 12:8-9) 또 모세를 보십시오. 그가 의로운 사람이 아니었습니까? 하지만 그의 기도와 간청은 받아들여지지 않았습니다.

* * *

"아무 걱정도 하지 마십시오. 언제나 감사하는 마음으로 기도하고 간구하며 여러분의 소원을 하느님께 아뢰십시오. 그러면 사람으로서는 감히 생각할 수도 없는 하느님의 평화가 그리스도 예수를 믿는 여러분의 마음과 생각을 지켜주실 것입니다."

(필립비 4:6-7)

무엇이 기도를 방해하나요?

위에서 말한 것에 더하여, 우리의 기도를 불가능하게 만들고 무익한 것으로 만드는 몇 가지가 있습니다. 한편으로는 하느님과 사랑의 관계를 맺지 못한 것, 하느님을 예의 바르게 대하지 않는 것, 하느님을 신뢰하지 않는 것, 하느님 앞에서 진지하지 못한 것 등이 있습니다. 다른 한편으로는 참회하지 않는 것, 혹은 죄의 교만이 있습니다. 말하자면, 우리는 죄를 지으면서 기도합니다. 정념의 진흙탕에서 뒹굴면서 간구합니다. 우리는 거짓말하고 욕하고 약자들을 착

취하고 하느님의 법을 완전히 무시하면서 동시에 하느님께 애원합니다. 이것이 바로 유대 백성들이 했던 것이며, 그래서 하느님께서 예레미야 예언자에게 이렇게 말씀하신 이유입니다. "이 백성을 위해 빌지 말아라! 너는 그들의 행위가 얼마나 구역질 나는지 보고 있지 않느냐? 그들의 불신앙과 불경스러움을 보고 있지 않느냐? 그런데도 너는 그들을 위해 애원하느냐? 나는 너의 간청을 듣고 싶지 않다!"

게다가 우리가 우리 원수들에게 벌을 내려달라고 기도하고 애원할 때, 하느님께서는 결코 그것을 이루어주지 않으십니다. 반대로 우리에게 그분의 분노를 끌어올 뿐입니다. 기도는 약입니다. 그래서 우리가 그것을 어떻게 사용해야 하는지를 잘 알지 못하면, 그로부터 유익을 얻지 못할 뿐만 아니라 더 나아가 우리 자신에게 큰 해를 끼칠 수도 있습니다.

* * *

"나는 무엇보다도 먼저 모든 사람을 위해서 간구와 기원과 간청과 감사의 기도를 드리라고 권하는 바입니다.

왕들과 높은 지위에 있는 모든 사람들을 위해서도 기도하십시오. 그래야 우리가 조용하고 평화롭게 살면서 아주 경건하고도 근엄한 신앙 생활을 할 수 있을 것입니다."

(디모테오 전 2:1-2)

기도의 필요성

　우리는 종종 하느님을 찾지 않을 때가 있습니다. 하지만 우리는 한순간도 숨을 쉬지 않고는 살 수 없는 것처럼, 하느님을 찾는 것 또한 그러해야 합니다. 숨 쉬는 것이 필요한 것처럼, 우리는 늘 하느님의 도움을 구해야 합니다. 그리고 만약 그것을 뜨겁게 열망한다면, 우리는 쉽게 하느님의 호의를 얻을 수 있습니다.

　우리 주님은 자애로운 분이시니, 오직 그분 안에서 피신처를 찾읍시다. 그분은 언제나 우리를 구원하실 준비를 갖추고 계시니, 그분만을 우리의 유일한 도움으로 여깁시다.

배에 매달려 있는 조난자들이 비록 재난 속에서 함께 만난 것을 빼고는 전혀 상관없는 사람일지라도 멀리 떨어져 있는 사람들을 움직여 도움을 청할 수 있다면, 하물며 큰 슬픔에 빠진 이들이 인간의 욕망을 제쳐두고 순수한 마음으로 주님께 호소하고 간청한다면, 자비로우신 주님께서 그 무한하신 선하심으로, 큰 고통 속에 있는 사람들을 도와주는 것은 얼마나 더 가능한 일이겠습니까?

그러므로 여러분이 예기치 않은 불운에 직면하게 될 때, 결코 절망하지 말고, 즉시 생각을 높여, 고요한 피난처, 누구도 넘볼 수 없는 성벽, 즉 하느님의 놀라우신 도움을 향해 달려가십시오.

어디서나 전쟁이 벌어지고, 불화와 폭력이 만연합니다. 그래서 우리에겐 무기가 필요합니다. 그리고 기도는 강력한 무기요, 구명대입니다. 매일매일 우리는 암초에 부딪히고, 우리의 배는 너무나 자주 부서지고 침몰하기 때문입니다.

* * *

"그러므로 너희는 앞으로 닥쳐올 이 모든 일을 피하여 사람의 아들 앞에 설 수 있도록 늘 깨어 기도하여라."

(루가 21:36)

기도와 성만찬 예배

그래서 우리는 아침저녁으로 기도가 필요합니다. 특별히 우리는 교회에 갈 필요가 있습니다. 그런데 교회 안에서는 무슨 일이 벌어집니까? 교회에서 우리는 어떤 자세를 가져야 합니까?

많은 사람은 교회에 가서 잠시나마 거룩한 성만찬 예배에 참석합니다. 그들은 뭔가 꼬투리를 잡아 비판할 일이 없나 하고 주변을 둘러봅니다. 성가에는 귀를 닫아두고 몇 가지 기도를 중얼거리곤 강도에게 쫓기기라도 하듯 재빨리 성당을 떠납니다.

여러분도 자신의 기도가 무엇에 관한 것인지에 대해서는 조금도 관심을 두지 않고 유다처럼 무례하게 떠납니다. 그러면서도 여러분은 하느님께서 여러분의 기도에 귀 기울여 주시길 원합니다. 여러분은 말합니다. "내가 당신께 무릎 꿇고 기도드립니다." 하지만 여러분의 몸이 성당 안에 있는 동안에도 여러분의 마음은 성당 밖을 떠돌아다닙니다. 여러분은 몇 가지 형식적인 기도를 읊조리지만 여러분의 생각은 매일의 관심사에, 재밋거리에, 또는 여러분에게 해를 끼친 형제들에게 어떻게 복수할까, 어떻게 벌을 줄까 하는 생각에 가 있습니다. 이 모든 일은 사탄 때문에 일어납니다. 사탄은 교활합니다. 사탄은 기도가 얼마나 위대한 일들을 이룰 수 있는지 너무나 잘 알고 있습니다. 그래서 사탄은 기도할 때를 정확히 맞춰 우리에게 다가오고 근심과 부적절한 생각들을 우리 안에 심어줍니다. 그러므로 정말로 조심하십시오. 우리는 자주 마음속에 아무런 생각도 품지 않고 잠자리에 눕곤 합니다. 하지만 성만찬 예배에 참석하여 기도드리기 위해 성당에 갈 때, 우리는 너무도 자주 하느님과의 친교를 누리는 대신 마음을 온갖 다양한 생각들과 형상들로 채웁니다. 그렇게 해서 우리는 기도의 열매를, 우리의 영적인 기쁨을, 성만찬 예배로부터 흘러나오는 영혼의 평화를 잃어버립니다. 그래서 거의 빈손으로 성당을 떠납니다. 똑같은 일들이 집에서나 그 밖의 다른 곳에서 기도할 때도 일어납니다.

많은 경우, 정말 많은 경우, 기도하는 동안에 우리의 관심이 하느님을 떠나서 지상의 일들에 붙잡혀 있는 것을 우리는 깨닫습니다. 그러므로 우리는 마음을 기도의 거룩한 의미로 향하도록 싸워야 하고 큰 노력을 기울여야 합니다. 그래서 마음이 그 의미에 집중하도록 해야 합니다. 그러려면 생각이 깨어있어야 하고, 끊임없는 금욕이 필요합니다. 우리의 생각이 흩어질 때, 곧바로 의지를 사용하여 생각이 다시 기도의 영적인 상태로 되돌아올 수 있도록 노력해야 합니다.

내게 말씀해 보십시오. 만약 우리가 세속의 군주 앞에 서 있다면 극히 조심하고 집중하지 않겠습니까? 우리는 주변을 두리번거리지도 않을 것이고, 또한 온 신경을 다 써서 그에게, 또한 그에게 말하고 싶은 내용에 집중하게 될 것입니다.

그러므로 최고의 주님이신 우리 하느님 앞에 서 있을 때 우리는 적어도 똑같은 노력을 해야 합니다. 기도 안에 꾸준히 머물러 있어야 하고, 우리의 마음이 여기저기 떠돌아다니지 않게 해야 합니다. 우리 입은 기도를 드리지만 마음이 망상에 빠져 있다면, 우리는 결코 아무런 유익도 얻지 못할 것입니다. 유익은커녕 우리는 심판받게 될 것입니다. 우리 주님께 말씀드릴 때보다 사람들에게 이야기할 때 더욱 인내하고 주의를 집중하기 때문입니다.

우리의 기도에 유익이 되는 응답

 여러분은 말합니다. "하느님께서 내 기도와 탄원에 응답하지 않으십니다." 나는 다시 한번 이렇게 대답하겠습니다. "하느님께서 응답하지 않으시는 것은, 해로운 것을 좋고 유익하다고 생각할 만큼 우리가 무지해서, 늘 그런 것들만 그분께 요청하기 때문입니다." 우리에게 구원을 가져다주는 것이 무엇인지 과연 누가 더 잘 알겠습니까? 진정 여러분에게 유익한 것이 무엇인지 여러분이 정말로 하느님보다 더 잘 안단 말입니까? 더 잘 아시는 분은 하느님이십니다. 그래서 하느님께서 여러분의 기도에 응답하지 않으시는 것입니다. 여러분의 요청에 대답하지 않으시는 것입니다.

부모들은 자녀들이 요구하는 것을 항상 주지는 않습니다. 자녀들을 사랑하지 않아서가 아니라 반대로 자녀들을 너무나도 사랑하기 때문입니다. 그렇다면 하느님이야말로 우리 부모보다 더욱 우리 자신을 잘 돌보아 주실 것이고 우리에게 최고로 좋은 것이 무엇인지를 더 잘 아시지 않겠습니까?

주님께 기도해도 응답해주시지 않아 지쳤을 때라도 불평하지 마십시오. 그리고 결코 잊지 마십시오. 여러분 자신도 가난한 사람이 도움을 요청할 때 귀 기울이지 않았던 적이 많지 않습니까? 여러분은 마음이 돌처럼 차가워져 이렇게 행동했지만, 하느님께서는 사랑으로 이렇게 하십니다. 여러분 자신은 가난한 사람의 요청에 기울이지 않았던 일에 대해 남들이 비판하는 것은 받아들이지 않으면서도, 사람에 대한 사랑 때문에 당신을 돕지 않으신 하느님께는 비난을 퍼붓습니다.

나는 앞에서 하느님께서 여러분에게 응답해주시지

않는다 해도 여러분이 기도에서 얻는 유익은 아주 위대하다고 말했습니다. 하느님께 기도함으로써 여러분은 두 가지를 얻기 때문입니다. 첫째, 거기에는 하느님과의 열린 소통의 관계가 있고, 여러분의 마음은 그분의 현존으로 인해 따뜻함을 느낄 것입니다. 둘째, 여러분은 죄를 지을 기회를 최소한으로 줄일 수 있습니다. 하느님께 기도하고 그분과 친교를 나누는 모든 사람은 마음을 하늘로 높이고, 그들 자신을 인간의 정념들을 초월한 곳으로 고양시켜, 영적인 복을 얻어 누립니다. 그래서 자신을 물질적인 주제들에 묶어두지 않을 수 있게 됩니다.

시원한 물이 꽃이 피어나게 하듯이, 사람의 눈물은 기도의 나무에 물을 주고 자라게 하며 하느님의 보좌에 이르게 합니다. 그렇게 하느님께서는 우리 기도를 들어주십니다. 하느님 앞에서 참회하며 겸손하게 집중하여 서 있는 영혼의 기도를 하느님께서 어떻게 듣지 않으실 수 있겠습니까?

지상의 것에서 천상의 것으로 돌아서고, 인간적인 생각, 생활상의 모든 염려와 정념의 집착을 다 쫓아내며, 자신의 존재 전체를 하느님과의 신비적인 기도에 바친, 그런 영혼의 탄원에 사랑의 하느님께서 응답하시지 않는 것은 불가능합니다.

참된 신앙인이 기도하는 방식은 이러해야 합니다. 생각을 집중하고 주의력을 더욱 선명하게 한 후에, 온 마음으로 정성 다해 하느님께 간청해야 합니다. 많은 말을 할 필요는 없습니다. 소박한 몇 마디면 족합니다. 기도에 대한 주님의 응답은 말의 많고 적음에 달려있지 않습니다. 그것은 마음의 절절함, 정신의 집중에 달려있습니다. 성경은 사무엘의 모친, 불임이었던 한나에 대해 말하면서 이것을 우리에게 확인시켜 줍니다. 그녀는 말합니다. "이 계집종의 가련한 모습을 굽어 살펴 주십시오. 이 계집종을 저버리지 마시고 사내아이 하나만 점지해 주십시오." 이것이 그렇게 많은 말입니까? 아닙니다. 하지만 그녀는 온 영혼을 다해 이 짧은 기도를 드렸기에, 간구한 것을 얻을 수 있게 되었습니다. 본래 불임이었던 그녀는 치유 받았고, 그녀의 닫혀 있던 태는 열렸으며, 그녀는 동포들의 경멸로부터 자유롭게 되었습니다. 불모의 땅이었던 그녀의 몸에서 귀한 곡식을 수확하였습니다.

질 높은 기도

 기도할 때, 너무 많은 말, 불필요한 말을 사용하지 마십시오. 그리스도께서 그리고 바울로 성인도 자주, 간결하게, 짧은 간격을 두고 기도하라고 권면하십니다. 기도가 길면 열의와 집중력을 잃기 쉽고, 그러면 악마는 그것을 발판으로 삼아 여러분에게 다가가서 온갖 악하고 더러운 생각들로 여러분에게 집적거리고 여러분이 방향을 잃게 만들어 버리기 때문입니다. 반면, 기도가 짧고 규칙적이면, 여러분은 쉽게 집중할 수 있고 이용할 수 있는 모든 시간을 기도로 채울 수 있습니다.

"쉬지 말고 기도하십시오." 바울로 성인은 이렇게 권면합니다. 순결하고 깨끗한 생활도 그것이 기도를 동반하지 않는다면 충분하지 않기 때문입니다.

우리 자신의 노력으로는 성취할 수 없는 일들이 많습니다. 하지만 그것들도 기도를 통하면, 정확히 이야기해서 지속적인 기도를 통하면, 쉽게 이루어질 수 있습니다. 고통받을 때나 편안할 때나, 저난을 당할 때나 유복한 삶을 누릴 때나, 언제든 상관없이 우리에겐 지속적이고 끊임없는 기도가 필요합니다. 편안하고 많은 복을 누리며 사는 사람은 이 모든 것이 변함없이 늘 여전한 것이 되도록 기도해야 합니다. 어려운 시기를 맞고 있는 사람도 그들의 삶이 바뀌고 기쁨과 안락과 평화로 가득 찰 수 있도록 기도해야 합니다.

욥은 자녀들의 복을 위해 늘 제사를 바쳤고, 그래서 그들의 죄를 깨끗하게 했습니다. "그들이 생각으로 죄를 지었을까봐"라고 욥은 말했습니다. 이것은 우리가 어떻게 자녀를 돌보아야 하는지를 보여줍니다. 욥은 "나는 그들에게 재산을 남겨주겠다"고 말하지 않았습니다. "그들에게 영광을 물려주어야지"하고 말하지도 않았습니다. "그들에게 건물들을 사주겠다"고 말하지도 않았습니다. "그들에게 땅을 사주겠다"고 말하지도 않았습니다. 욥은 무슨 말을 했습니까? "그들이 죄를 지을 생각을 하지 않도록"이라고 말했습니다. 이 땅의 복들이 그들에게 무슨 유익이 있겠습니까? 아무 유익이 없습니다. 모든 것은 이 땅에 남아 결국 지나가고 사라질 것이기 때문입니다. 욥은 자녀들의 유익을 위해서 만유의 주님의 호의를 얻겠다고 하는 것입니다. 그러면 그들은 아무것도 부족함이 없게 될 것입니다. 시편 기자가 말하듯이, "주님은 나의 보호자시고 그래서 나는 부족함이 없을 것"이기 때문입니다. 우리 주님께서 제공해주시는 보호는 가장 위대한 복이고, 가장 위대한 보화입니다.

무엇을 하려고 하든지, 어떤 일이나 여행을 계획할 때라도 우리는 주님께 기도의 희생 제물을 바쳐야 합니다. 그리고 주님의 도움을 구할 때, 우리의 모든 일들은 잘 풀려나갈 것입니다.

우리는 이렇게 기도해야 합니다. 열심을 가지고, 간결한 기도로, 집중하여 규칙적으로 하느님과 친교하기 위해 노력하면서 말입니다. 하느님께서 무엇을 주실지, 또 언제 응답해주실지는 그분의 궁극적인 정의에 맡겨야 합니다. 왜냐하면 우리에게 무엇이 좋은 것인지, 또 우리에게 응답해야 할지 말아야 할지 아시는 분은 바로 그분이시기 때문입니다.

나는 여러분에게 묻고 싶습니다. 한나가 기도하지 않았다면, 하느님께서 아이를 주실 수 없었겠습니까? 그녀의 간구 전이라도 그분이 그녀의 깊은 열망을 몰랐겠습니까? 그렇지 않습니다. 하지만 기도를 통하여 간구하기 전에 하느님께서 그녀에게 아이를 주셨다면, 그녀의 열망은 분명하게 드러나지 않았을 것이고, 그녀의 덕 또한 잘 나타나지 않았을 것이며 그 누구도 받을 수 없었던 가장 위대한 보상을 받아 누리지 못했을 것입니다.

이제 이 여인의 지혜를 살펴봅시다. 먼저 그녀가 술에 취했다고 생각했던 대사제에게 그녀는 무어라고 말했는지 들어봅시다. "아닙니다. 사제님! 저는 정신이 말짱합니다. 포도주도 소주도 마시지 않았습니다. 저는 주님께 제 속을 털어놓고 있습니다. 사제님, 이 계집종을 좋지 못한 여자로 생각지 마십시오.

저는 너무 서럽고 괴로워서 이제껏 기도하고 있었습니다."(사무엘 상 1:15-16) 이것은 괴로워하는 마음의 전형적인 태도입니다. 화를 내지도 않고 자신을 오해하고 모욕하는 이들에게 분을 내지도 않습니다. 참을성과 단정함을 가지고 자신을 변호합니다. 마음속의 슬픔과 고통만큼 영혼을 이토록 지혜롭게 만드는 것은 없습니다. 그것은 분명 진실입니다.

한나는 식사를 한 후에 기도하기 위해 일어섰습니다. 식사 전후에 기도하지 않는 모든 사람은 이것에 주목하십시오. 우리 모두는 식탁에 앉기 전과 식사한 후에 하느님께서 주신 이 모든 양식의 복에 대해 찬양하고 감사드려야 합니다. 식사하는 동안에도 하느님을 끊임없이 기억한다면, 우리는 식탁 위에 펼쳐진 음식들을 절제하며 먹게 될 것이고 영적으로나 육적으로나 복을 받게 될 것입니다. 우리는 술 취함과 음란한 말과 방탕한 성관계에 빠지지 않을 것입니다. 다시 한번 간략하게 말하겠습니다. 우리의 모든 식사가 감사와 찬양의 기도로 시작되고 끝나도록 만듭시다.

* * *

"너희를 저주하는 사람들을 축복해 주어라. 그리고 너희를 학대하는 사람들을 위하여 기도해 주어라."

(루가 6:28)

교회에 가는 것과 기도

 더 나아가 나는 여러분이 교회의 성만찬 예배 동안 베풀어지는 거룩한 성체성혈 성사에 참여하는 것을 빼먹지 않기를 간곡히 바랍니다. "하지만 저는 너무 바쁩니다. 저는 해야 할 일이 너무 많습니다. 그러니 교회에 갈 시간을 어떻게 만들 수 있겠습니까?"라고 여러분은 말할 것입니다. 하지만 정확히 그렇기 때문에, 여러분은 교회에 가야 합니다. 교회에 가서 하느님의 호의를 이끌어내고, 그분의 도움을 받아야 합니다. 그리고 위안을 얻고 돌아와야 합니다. 여러분 가족의 보호자로, 여러분이 하는 일의 후원자로 주님을 얻기 위해서 교회에 오십시오. 악마와 악한 사람들이 이길 수 없는 사람이 되기 위해 교회에 오십시오. 성만찬 성사와 공동 예배에 참여함으로써 여러분은 전능하신 하느님의 능력을 입게 될 것입니다. 참회의 고백성사를 통하여 먼저 깨끗해진다면 여러분은 성체성혈을 받게 될 것이고 하느님의 무기로 강력해질 것이며, 그러면, 악마도 사악한 자들도 여러분에게 해를 끼칠 수 없지 될 것입니다.

* * *

구하라, 받을 것이다. 찾아라, 얻을 것이다. 문을 두드려라, 열릴 것이다. 누구든지 구하면 받고, 찾으면 얻고, 문을 두드리면 열릴 것이다. 너희 중에 아들이 빵을 달라는데 돌을 줄 사람이 어디 있으며 생선을 달라는데 뱀을 줄 사람이 어디 있겠느냐? 너희는 악하면서도 자기 자식에게 좋은 것을 줄 줄 알거든 하물며 하늘에 계신 너희의 아버지께서야 구하는 사람에게 더 좋은 것을 주시지 않겠느냐?

(마태오 7:7-11)

기도할 장소와 시간

 일상생활의 문제들로 인해 너무 바빠서, 또 가족에 대한 책임으로 너무 많은 짐을 지고 있어서 기도할 수 없다는 말은 하지 마십시오. 여러분은 자신의 제단을 어디든 세울 수 있습니다. 여러분을 방해할 수 있는 장소나 시간은 존재하지 않습니다. 주변 환경이 여러분이 무릎 꿇고 기도하는 것을 허락하지 않는다 해도, 또한 여러분이 하늘을 향해 손을 들 수 없다 해도, 만약 여러분이 강한 열망의 마음을 가지고만 있다면 여러분의 기도는 완전한 것이 될 수 있습니다.

거리를 걸을 때나, 시장에 있을 때나, 배를 타고 여행을 할 때나, 작업실에서 앉아 있을 때나, 밭에서 농사일을 할 때나, 요리를 할 때나, 청소를 할 때나, 집안일을 할 때나, 그 무슨 일을 할 때라도, 여러분은 그와 동시에 내적으로 기도할 수 있고, 하느님과 친교를 나눌 수 있으며, 끈기 있게 주님을 부르면 하늘을 열 수 있다는 사실을 알고 계십시오.

하느님께서는 여러분이 어디서 기도하든 상관하지 않으십니다. 다만 여러분이 얼마나 강렬하게 그분과 소통하는지에 관심을 가지십니다. 하느님께서 여러분에게 요구하시는 것은 여러분 마음의 열망, 기도하고자 하는 열의입니다. 바울로 성인을 보십시오. 그는 감옥에서 기도했습니다. 서거나 무릎 꿇지도 않고 누워서 기도했습니다. 그의 발이 차꼬에 묶여 움직일 수 없었기 때문입니다. 하지만 그는 비록 누워있었지만 뜨겁게 기도했기에, 그의 기도는 감옥을 흔들었고 땅을 요동치게 했으며 간수와 그의 모든 가족을 참된 신앙으로 이끄는 결과를 낳았습니다.

히즈키야는 병이 들었습니다. 그는 설 수도 무릎 꿇을 수도 없었습니다. 하지만 비록 다리에 병이 들었고, 하느님께서 이사야 예언자를 통하여 그의 죽음을 예고하셨음에도, 그는 하느님께 이 병을 고쳐달라고 계속 기도했습니다. 그런데 정말 그는 그 마음의 순결함과 열렬함을 통하여 하느님의 결정을 번복하게 하는 데 성공했습니다. 십자가에 못 박혔지만 단 몇 마디의 기도로 인해, 열망과 참회로 충만했던 단 몇 마디로 인해, 하늘나라를 얻었던 강도도 있습니다. 또한 사자 굴에 던져진 예레미야와 물고기의 배 속에 있었던 요나는 위대한 믿음을 가지고 기도하여 하느님으로부터 큰 도움을 얻었고, 그렇게 해서 자신들에게 닥친 재난에서 벗어날 수 있었습니다.

기도의 역동성

"기도할 때 나는 어떤 말을 해야 좋을까요?"라고 여러분은 내게 물을 것입니다. 여러분은 길이로는 가장 짧지만, 악다에게는 가장 두려운 기도를 드릴 수 있습니다. 그것은 바로 "주 예수 그리스도시여, 나를 불쌍히 여기소서"라는 기도입니다. 어마어마한 유익을 가져오는 단 몇 마디의 기도입니다. 이 단어들은 우리가 사람에 대한 하느님의 무한한 사랑의 바다로 나아가게 해줍니다.

교회 안에 있습니까? 은밀하게 부르짖으십시오.

"주 예수 그리스도시여, 나를 불쌍히 여기소서." 교회 밖에 있습니까? 생각을 다하여 부르짖으십시오. 비록 우리가 은밀하게 기도한다 해도 하느님께서는 귀를 기울여 들으십니다. 어디서 기도하느냐는 중요하지 않습니다. 중요한 것은 바로 '어떻게 기도하느냐'입니다. 목욕탕에 있을 때라도, 입술을 움직여 기도하십시오. 어디에 있든지 기도의 상태를 유지해야 합니다. 피조 세계 전체, 우리를 둘러싼 자연 세계 모두가 교회가 될 수 있고, 여러분이 기도하도록 도와줄 수 있습니다. 바울로 성인의 말씀처럼, 여러분 자신이 바로 성령의 전(殿)이지 않습니까? 그런데도 어떻게 여러분은 기도할 만한 적당한 장소를 발견할 수 없다고 말할 수 있겠습니까?

모세와 이스라엘 백성이 뒤에서 추격해오는 이집트의 병사들을 두고 거대한 바다 앞에 서게 되었을 때, 모세는 하느님께 기도하였고 그분의 도움을 간청하였습니다. 그는 은밀하게 기도했습니다. 단 한 마디 말도 입 밖으로 내지 않았습니다. 그는 마음으로만 간청했고, 그의 입술은 아무것도 말하지 않았습니다. 그가 마주한 상황은 너무나도 긴박했고 곤란했습니다. 그는 절체절명의 상황에서 죽을 것만 같았고 그래서 그의 목소리는 들릴 수도 없었지만, 주님께서 그에게 말씀하셨습니다. "무엇 때문에 너는 나에게 부르짖느냐?" 모세는 큰 소리로 말하지 않았지만 하느님께서는 그의 말을 들으셨던 것입니다.

곤경이 찾아오고 유혹이 여러분을 삼켜버릴 때, 여러분도 똑같이 해야 합니다. 기도를 통해 피난처를 간청하고 하느님의 도움을 은밀하게 간구하십시오. 여러분이 하느님을 필요로 할 때, 하느님께서는 언제나 여러분 가까이 계십니다. 사람끼리도 그러하듯이, 그분을 소리 질러 부를 필요가 없는 이유가 바로 이것입니다. 이사야 예언자는 말합니다. "너희는 하느님께 부르짖을 것이고, 그분은 너희의 말을 들어주실 것이다." "너희는 기도하게 될 것이고, 그분은 응답하실 것이다." "보라. 내가 여기 있다. 나는 너희 가까이에 있다. 나는 너희의 기도를 듣고 있다." 만약 여러분이 모든 정념에서 마음을 깨끗하게 보존하기 위해 싸운다면, 주님께서는 항상 여러분의 기도를 들으실 것입니다.

* * *

　기도의 능력은 강력한 화염을 진압하였고, 사자의 맹렬함을 잠재웠고, 폭동을 잠잠케 했고, 전쟁을 멈추게 했고, 위험들을 제거했고, 악마들을 쫓아냈고, 죽음의 사슬을 끊어버렸고, 하늘 문을 활짝 열었고, 질병들을 완화시켰고, 거짓을 피하게 했고, 도시들을 파괴에서 건졌고, 해의 운행을 중지시켰고, 천둥 번개의 진로를 멈추게 했습니다. 간단히 말해, 기도는 선에 적대하는 모든 것을 멸하는 능력을 가집니다. 나는 입술의 기도가 아니라 마음 가장 깊은 곳에서 올라오는 기도에 대해 말하는 것입니다.

성 요한 크리소스토모스

신자들의 모임에서 드리는 기도

이렇게 이야기한다고 해서, 교회에서 성만찬 예배 동안 바치는 기도를 평가절하하는 것은 결코 아닙니다. 천만에, 절대 그럴 수 없습니다! 신자들이 함께 바치는 공동 기도의 능력은 위대합니다. 정말로 위대합니다! 그것이 얼마나 위대한지 알고 싶지 않으십니까? 이 이야기를 들어보십시오. 사도행전은 우리에게 들려줍니다. 베드로 성인이 감옥에 갇혀 사슬에 묶여 있던 어느 날, "교회는 그를 위하여 하느님께 줄곧 기도를 드렸습니다."(사도행전 12:5) 그때 교회의 기도는 기적적으로 그를 감옥과 사슬에서 풀려나게 해주었습니다. 그러니 말해 보십시오. 그 무엇이 교회에서 성만찬 예배 도중에 온 회중이 함께 바치는 기도보다 더 강력할 수 있겠습니까? 미약한 우리가 교회에서 기도할 수 있다는 것이 얼마나 영예로운 것인지 깨달읍시다. 우리는 아주 높은 지위에 있는 사람과 이야기하는 것을 하나의 특권으로 생각합니다. 그렇다면 우리가 창조주 하느님과 그저 한두 번이 아니라 수없이 많이 친교를 나눈다면 이 얼마나 커다란 영예이며, 또 여러분 자신의 주님과 대화할 때 여러분이 받아 누릴 복은 또 얼마나 크겠습니까?

물론 앞에서 이야기한 것처럼, 우리는 집에서 또 그 밖의 다른 곳에서도 기도할 수 있습니다. 그러나 교회에서 성만찬 예배의 가장 거룩한 순간에 바치는 기도의 가치는 위대하고도 한없이 더 위대합니다. 왜냐하면 사제와 신자들 모두가 함께 하느님께 간청하기 때문입니다. 여러분이 혼자 집에서 기도할 때보다 형제들과 함께 거룩한 회중을 이루어 예배드리며 기도할 때 주님은 여러분의 기도를 더욱 잘 들어주십니다. 공동의 기도를 드릴 때, 교회에 있는 사람들 가운데는 영혼들의 일체감과 사랑의 연대가 형성되고, 그리하여 그 기도를 더욱 고양시켜 하늘에 이르게 해주기 때문입니다.

그래서 사랑의 능력과 함께 공동의 기도가 베드로 성인을 감옥에서 빼낼 수 있었던 것입니다. 깊은 사랑이 파괴할 수 없는 연대로 회중을 묶어줄수록, 뜨거운 공동의 기도는 멀리 떨어져 있는 사람들에게까지도 큰 유익을 가져다줍니다.

개인적으로 드리는 기도

그러므로 밤낮으로, 특별히 밤에, 우리 자신이 기도와 단단히 결합되어 있도록 훈련합시다. 밤에는 아무도 우리를 방해하지 않고 우리 생각이 고요해지기 때문입니다. 또 밤이 되면 방 안에는 침묵이 감돌고 아무도 우리를 성가시게 하지 않아 우리 마음은 더욱 잘 집중되고 기도를 떠나지 않을 수 있으며, 그리하여 모든 것을 우리 영혼의 치유자에게 내맡길 수 있기 때문입니다. 복 받은 다윗은 말합니다. "공정하신 그 판결들, 한밤중에 일어나 감사 기도 드립니

다."(시편 119:62)

우리가 혼자 홀로 하느님께 하나하나 다 아뢰며 그분께 다가가 말씀드려야 하는 방식은 이러해야 합니다. 우리가 친구와 이야기해야 할 심각한 문제가 있다면 우리는 그것을 아주 은밀하게 사적으로 이야기합니다. 그러므로 하느님과 친교해야 할 때는 더욱 그러해야 합니다. 가장 은밀한 사적 공간으로 물러나, 조용한 가운데 기도해야 합니다. 그리고 우리 영혼에 최선인 것을 간구하는 한, 우리는 모든 것을 얻게 될 것입니다. 마음속 깊이 감사하며 재어서 드리는 기도는 위대한 복이기 때문입니다. 어떻게 하면 우리의 기도가 감사하는 기도가 될까요? 우리가 응답받았을 때뿐만 아니라 응답받지 못했을 때도 감사할 줄 알게 된다면 그렇게 될 것입니다.

샘물은 정원을 꽃들이 만발한 장소로 만듭니다. 하지만 눈물의 샘은 그보다 더욱 무성하게 기도 나무를 자라게 합니다. 이것이 바로 복된 여인 한나에게서 일어났던 일입니다. 그녀가 기도하자마자 그 기도는 하늘에 가 닿았습니다. 그리고 그녀는 마치 달콤한 열매와 같은 아들, 예언자 사무엘을 갖게 되었습니다.

그녀는 같은 소원을 끊임없이 아뢰었습니다. 그 자리에서 움직이지도 않고 같은 말로 계속 기도하며 많은 시간을 보냈습니다. 복음서에서 그리스도께서는 바람직하게 기도하는 법을 우리에게 가르쳐주셨습니다. 제자들에게 이교도들처럼 기도하지 말고 길게 많은 말을 하면서 기도하지도 말라고 말씀하시면서, 우리에게 하나의 예를 제시해주셨습니다. 기도가 응답될 것인지의 여부는 우리 마음의 깨어있음에 달려있지, 우리가 사용하는 말의 양에 달려있지 않습니다.

"그녀는 주님 앞에서 계속해서 기도하였습니다." 한나의 이야기를 전하는 성경의 저자는 한나가 기도 안에서 인내와 생각의 깨어있음이라는 두 가지 덕을 가지고 있었다고 말합니다. 첫 번째 덕은 '계속해서'라는 낱말을 통해서 표현됩니다. 두 번째 덕은 '주님 앞에서'라는 말을 추가함으로써 표현됩니다. 우리 모두는 기도하지만 항상 '주님 앞에서' 기도하지는 못합니다. 몸이 땅에 붙어 있고 입이 끊임없이 말을 쏟아낼 때도 우리의 생각은 집이나 시장 등 천지 사방을 쏘다니곤 하기 때문입니다. 어떻게 그런 사람이 주님 앞에서 기도한다그 말할 수 있겠습니까? 집중해 있는 사람, 땅에는 상관하지 않고 오직 하늘로 자신을 높이 고양시켜 자기 영혼에서 모든 인간적 생각들을 쫓아내는 사람만이, 참으로 주님 앞에서 기도하는 사람이기 때문입니다. 한나가 바로 그렇게 기도하였습니다.

* * *

유혹에 빠지지 않도록 깨어 기도하여라.

(마태오 26:41)

기도하는 동안의 우리의 자세

기도하는 동안 매우 조심합시다! 열의와 솔직함을 가지고 위선을 부리지 않을 때 기도는 아주 효력 있는 무기가 됩니다. 기도는 기쁨과 맑은 생각으로 드릴 때 큰 복이 됩니다. 그러면 어떻게 하면 기도가 기쁨으로 드리는 것이 될까요? 그것은 우리가 하느님의 선물을 받을 때 못지않게 그것을 받는 데 실패할 때도 하느님께 감사하는 습관을 가질 때 그렇게 됩니다. 하느님께서는 어떤 때는 복을 주시지만, 또 다른 때는 주시지 않기 때문입니다. 하지만 언제나 하느님께서는 우리의 유익을 위해서 그렇게 하십니다. 그래서 우리가 하느님의 선물을 받지 못할지라도 사실은 받지 못함을 통해 우리는 받는 것입니다. 우리가 성공하지 못할지라도, 사실은 그 성공하지 못함을 통해 우리는 성공하는 것입니다. 이것은, 어떤 경우에는 우리가 간청한 것을 받지 못하는 것이 그것을 받았을 경우보다 더욱 유익할 수 있다는 것을 의미합니다.

주님께서는 또한 형제들과 함께 더불어 기도하라고 우리에게 가르쳐주십니다. 그분은 우리가 신자들 공동의 몸을 위해 기도해야 한다고 권면하시면서 이렇게 말씀하십니다. "너희는 이와 같이 기도하여라. '하늘에 계신 우리 아버지…'" 어떤 경우에도 우리는 우리 자신만의 유익을 위해서 기도해서는 안 됩니다. 항상 이웃의 유익을 위해서 기도해야 합니다. 이와 같이 하면 미움은 제거될 것이고 교만은 사라질 것이며 질투는 뿌리 뽑힐 것입니다. 그러면 사랑이 들어와 인간사의 차별을 없애버리고 왕이나 거지가 다 동등하게 될 것입니다. 우리 모두가 가장 위대하고 기본적인 행위에 다 함께 공통으로 참여하기 때문입니다.

* * *

나는 무엇보다도 먼저 모든 사람을 위해서 간구와 기원과 간청과 감사의 기도를 드리라고 권하는 바입니다.

(디모테오 전 2:1)

기도 사역자로서의 신자

　우리가 깨어있으면 성령의 은총은 우리를 하느님의 성전으로 만들어주고, 이것은 우리에게 만사를 쉽게 만들어줍니다. 어디에 있든지, 여러분은 자신 안에 제단을 가지고 있습니다. 그래서 여러분은 제단이고, 사제이고 동시에 봉헌 제물입니다. 왜냐하면, 여러분이 방심하지 않고 열의를 가지고 있기만 하다면, 어디에 있든지 여러분은 제단을 세울 수 있기 때문입니다. 공간과 시간이 여러분을 막지 못합니다. 만약 무릎 꿇을 수 없고 손을 들어 올릴 수 없는 상황일지라도, 따뜻한 마음과 영혼 안에 들어가 기도를 실천한다면 그것으로 충분합니다. 바늘을 열심히 움직여 뜨개질할 때도, 영적으로는 마음을 하늘로 향해 드높일 수 있고 간절히 하느님께 호소할 수 있습니다. 시장에 있거나 혼자 길을 걸을 때도 기도를 드릴 수 있습니다. 일터에서 가죽을 꿰맬 때도 영혼을 우리 주님께로 들어 올릴 수 있습니다. 종도, 물건을 사는 사람도, 위층을 오르내리며 쉴 새 없이 일하는 사람도, 성당에는 갈 수 없을지 모르지만, 마음의 골방에서 기도할 수 있습니다. 하느님께서는 장소를 탓하지 않으십니다. 그분께서 바라시는 것은 오직 하나, 따뜻한 마음과 애쓰는 영혼입니다.

사람은 오직 들리는 음성만 듣습니다. 하지만 하느님께서는, 이 음성과는 상관없이, 진심으로 기도드리는 이들을 들어주십니다. 그러므로 부르짖지 않을지라도 기도가 응답받을 수 있습니다. 길을 걷는 사람도 집중하여 마음으로 기도할 수 있고, 친구들과 둘러앉아 좋아하는 일을 하고 있는 사람도 소리 없는 부르짖음으로 하느님을 부를 수 있습니다. 내적으로 마음에서 우러나오는 기도를 말입니다. 이와 같은 기도를 통해서, 사람들과 같이 있어도 드러나지 않게 기도할 수 있다는 말입니다. 이것이 바로 한나가 드렸던 기도입니다. 성경은 "그녀의 기도는 들리지 않았지만, 주님께서는 그녀를 기억하셨다"고 말합니다. 그녀의 침묵의 외침은 그녀의 마음 깊숙한 곳에서 용솟은 것이었기에 너무나도 뜨거웠습니다.

한나는 입술을 최대한 자제했습니다. "그의 입술은 움직였지만 그 음성은 들리지 않았습니다." 그녀의 입술과 음성은 닫혀 있었지만, 그녀의 용기와 끈기는 숨길 수 없었습니다. 그녀의 가슴은 안으로부터 더욱 크게 부르짖었던 것입니다. 이것이 바로 기도의 참된 의미입니다. 간청과 중보는 마음 깊은 곳에서 드려졌습니다. 특별히 목청 높여 기도하지 않고 영혼과 마음의 간절함으로 기도하는 것은, 상처 입은 마음의 주된 특징입니다.

* * *

"그러므로 무엇을 먹을까 무엇을 마실까, 또 무엇을 입을까 하고 걱정하지 마라. 이런 것들은 모두 이방인들이 찾는 것이다. 하늘에 계신 아버지께서는 이 모든 것이 너희에게 있어야 할 것을 잘 알고 계신다. 너희는 먼저 하느님의 나라와 하느님께서 의롭게 여기시는 것을 구하여라. 그러면 이 모든 것도 곁들여 받게 될 것이다."

(마태오 6:31-33)

기도의 "넘치는 가치"

　기도를 능가하는 혹은 그와 동등한 힘은 없습니다. 누군가 뜨거운 신심으로 기도한다면 그는 지상의 일들을 떨쳐버릴 것입니다. 우리 영혼 안에 끓어오르는 화가 있다 할지라도, 그것은 금방 잠들게 될 것입니다. 욕망이 불같이 솟아오를지라도, 금방 꺼져버릴 것입니다. 질투가 우리를 불살라도 아주 쉽게 사라져 버릴 것입니다. 태양이 떠오르면, 모든 짐승은 자기들의 보금자리로 돌아가 숨습니다. 마찬가지로 빛의 광선처럼 기도가 우리의 입을 통해 튀어나올 때도 똑같은 일이 일어납니다. 우리가 신실하게 기도하고 우리의 영혼이 깨어있으며 우리의 생각이 항상 분별을 유지하기만 한다면, 우리 생각은 빛을 받게 될 것이고 모든 비이성적이고 거친 정념들은 도망쳐 맹수처럼 그 굴에 몸을 숨기게 될 것입니다. 기도는 이생의 폭풍우에 고통당하는 이들에게는 피난처입니다. 정념과 고통의 파도에 휩쓸린 사람들에게는 닻이요, 흔들리는 이들에게는 버팀목이요, 가난한 이들에게는 보물이요, 부유한 이들에게는 안전이요, 병으로부터의 해방이요, 건강의 수호자입니다. 기도를 통해서 우리의 행복이 유지되고, 우리의 불행이 사라집니다. 유혹이 우리를 공격할지라도, 기도는 그 공격을 쉽게 물리치고, 물질적 위기나 그 어떤 곤경이 와도, 기도는 즉각 그것들을 제거합니다. 기도는 모든 우울함을 쫓아버립니다. 기도는 유쾌함의 초석이고 지속적인 영적 기쁨의 원인이며 지혜를 사랑하는 삶의 어머니입니다. 열성을 다해 기도하는 사람은 비록 모든 것이 부족한 가난뱅이일지라도 실제로는 모든 것에 가장 부유한 사람입니다. 하지만 기도하지 않는 사람은 왕의 자리에 앉아있어도 가장 가난한 자입니다.

그러므로 영혼의 깨끗함과 마음의 열정을 가지고 기도하는 사람보다 더 힘 있는 사람은 아무도 없습니다.

천사들의 삶에서 배움

　하느님과 친교하는 방법을 배우고 익힌 사람은 결국 천사처럼 될 것입니다. 그의 삶은 육체의 노예 상태에서 벗어나고, 그의 생각은 고양되고, 결국 그는 하늘로 옮겨갑니다. 그는 지상의 소유를 경멸하고, 비록 가난뱅이, 종, 평민, 문맹자라 할지라도 신성의 보좌에 가까이 서 있게 됩니다.
　기도는 구원의 약입니다. 죄를 멈추게 하고 죄를 치유하는 치료자가 됩니다.
　지금 우리는 가치 없는 것이 아니라 우리의 희망인

기도에 더해서 말하고 있는 중이니 싫증 내지 맙시다. 불임의 여인이 기도를 통하여 어머니가 되었습니다. 불구자가 기도를 통하여 바로 서게 되었습니다. 닫힌 자궁이 열렸고, 불가능한 것이 가능하게 되었습니다.

기도와 감사가 있는 곳에는 어디든지 성령의 은총이 내려오고 악마들은 쫓겨나며 적대적인 힘들은 사라지고 맙니다.

기도는 불입니다. 특별히 분별 있고 깨어있는 영혼으로 드리는 기도는 불입니다.

덕의 오솔길을 따라가고 하느님과 대화하고 그분께 감사드리고 찬양함에 있어서, 기도만큼 우리를 도와주는 것은 아무것도 없습니다.

어떤 경우에도 은총에는 신성한 힘이 깃들어 있습니다. 우리가 기도를 사랑하고 하느님께 기도드리며 오직 그분에게서만 모든 축복을 기대할 때, 하느님의 도움은 우리의 고통을 어루만지고 그 고통들을 위로해줍니다.

기도를 통해서 우리는 천사들과 같아집니다. 우리는 하늘에 닿게 되고 사도들과 예언자들 그리고 하느님의 현존을 경험한 모든 이들과 함께 대화하게 됩니다.

기도를 통해서 우리는 지혜를 사랑하는 마음을 얻습니다.

 그래서 기도에 대한 뜨겁고도 강렬한 사랑을 가지지 못한 사람은 마음에 조금도 용기가 없는 사람임을 나는 단박에 느낍니다. 반대로 하느님을 예배하지 않고는 못 배기는 사람, 기도를 빼먹는 것을 가장 심각한 손실로 여기는 사람을 보게 되면, 나는 그런 사람은 벌써 모든 덕을 얻었고 하느님의 거룩한 전(殿)이 되었다고 결론 내립니다.
 기도는 우리의 사랑을 하느님과 연결해주는 강력

한 끈입니다. 그것은 우리에게 하느님과 친교를 나누는 습관을 키워주고 우리를 신앙심으로, 지혜를 사랑하는 삶(philosophical life)으로 이끌어줍니다.

무엇보다도 먼저 여러분의 자녀들이 어떤 종류의 부도덕함에 빠지지 않도록 항상 주의 깊게 지켜주십시오. 젊은이들의 마음에 가장 큰 유혹을 불러일으키는 정념은 바로 사랑이기 때문입니다.

여러분은 자녀들에게 주의하라고 또 경계하라고, 난잡함에 빠져들기 전에 얼른 기도를 통해 경각심을 얻으라고 가르쳐야 합니다. 무엇을 말하거나 행하기 전에 먼저 십자 성호를 그으라고 가르치십시오. 그러면 그는 분명 순결한 결혼으로 나아갈 것입니다.

참되게 기도하는 사람의 특징은 두 가지가 있습니다. 그는 열정과 인내를 가지고 기도하고 적합한 것을 간구합니다. 주님께서도 말씀하십니다. "너희의 기도가 응답받기를 원한다면, 이렇게 기도하라." 여기서 '이렇게'란 무엇일까요? "사람들이 너희에게 해주길 원하는 대로 너희도 그렇게 하여라." 기도 밖에서도 신중한 행위가 또한 필요하다는 것을 그분이 어떻게 가르쳐 주시는지 여러분은 보고 있지 않습니까?

향은 그 자체로도 좋고 향긋합니다. 하지만 불을 만날 때, 향은 그 향기를 더욱 멀리까지 보내는 특징이 있습니다. 마찬가지로, 기도는 그 자체로도 좋습니다. 하지만 불같은 마음에서 나와 하늘로 올라갈 때, 영혼을 실어 나르는 향내 나는 배가 될 때, 기도는 더욱 훌륭하고 향기롭습니다. 이것이 바로 여러분이 뜨거운 마음으로 기도해야 하는 이유입니다. 먼저 여러분의 의지의 불로 시작하십시오. 그러고 나서 기도를 드리십시오.

우리의 기도가 하느님을 기쁘시게 할 때, 그 기도는 응답받게 될 것입니다. 이것은 우리 자신에게 달려있습니다. 우리에게 주실 만한 가치가 있는 것을 간구할 때, 또 그것을 간절함으로 요청할 때, 그리고 그것을 받을 자격이 있는 사람이 되기 위해 노력할 때, 그때 하느님께서는 우리의 기도를 들으시고 우리의 요구를 채워주십니다.

그러므로 우리가 원하는 것을 위해 간절한 마음으로 기도합시다. 그리고 하느님께서 우리에게 주시길 원하시는 바로 그것을 신뢰를 가지고 기다립시다.

* * *

"사랑하는 여러분은 여러분의 가장 고귀한 믿음의 터전 위에 스스로를 세우고 성령의 도우심을 받아 기도하십시오. 그리고 언제나 하느님의 사랑 안에 머물러 있으면서 영원한 생명으로 인도하시는 우리 주 예수 그리스도의 자비를 기다리십시오."

(유다 1:20-21)

간절하고 끈기 있는 기도

깨어있는 영혼과 겸손한 마음으로 기도 안에 끈기 있게 머뭅시다. "화내지 말고 의심이나 믿음의 부족함을 버리고 우리의 두 손을 높이 들어야 합니다."라고 우리에게 충고하는 성 바울로의 말씀에 귀 기울입시다. 우리가 하느님의 자비를 원하면 원할수록, 소란함을 없애고 우리의 마음을 고요하게 유지하기 위해 노력합시다. 우리가 그분의 법에 따라 기도하는 것을 보신다면 하느님께서는 즉시 아주 관대하게 그분의 은총을 우리에게 주실 것이기 때문입니다.

모세는 백성들과 아주 멀리 떨어져 있었음에도 불구하고 하늘을 향해 손을 들어 올리고 그 백성을 대신해 하느님께 간청함으로써 그들을 돕곤 했습니다. 그렇게 해서 그는 온 백성을 구했습니다. 그것보다 더욱 위대한 성취가 또 있을까요? 여러분의 이웃을 돕는 것보다, 여러분의 형제들에게 힘을 주는 일을 하는 것보다 더 중요한 일이 또 있을까요? 물론 없습니다. 금식을 하고 땅바닥에서 잠을 자고 여러분 자신의 죄 때문에 슬피 운다 할지라도, 그런 일들 자체는 하나도 중요한 것이 아닙니다. 왜냐하면 그런 행위들로 인해 유익을 얻을 사람은 아무도 없기 때문입니다. 모세 역시 놀랍고 위대한 표적들을 행했습니다. 하지만 그 모든 것도 그의 간청, 즉 우상 숭배의 죄악에 빠진 동포들을 용서해 달라고 주님을 향해 간청하는 그의 음성보다 그를 더 위대하게 만들지는 못했습니다. 그는 아주 고통스러워하며 기도했습니다. "당신이 하시고자 한다면, 그들의 죄를 용서해주소서. 하지만 그렇게 하지 않으시려거든 나를 또한 이 땅에서 제거해 주십시오."

특별히 우리를 감탄케 하고 놀라게 하는 성 바울로

의 형제 사랑을 주목합시다. 그는 이렇게 말합니다. "나는 혈육을 같이하는 내 동족을 위해서라면 나 자신이 저주를 받아 그리스도에게서 떨어져 나갈지라도 조금도 한이 없겠습니다."(로마서 9:3) 그들이 하느님을 가까이하고 또 그분을 믿도록 도와줄 수만 있다면, 저주도 감수하겠다는 각오입니다. 모세는 그의 동포들과 함께 죽게 해달라고 간청했습니다. 하지만 성 바울로는 단지 죽은 것이 아니라, 낙원의 헤아릴 수 없는 영광과 영원한 지복을 빼앗아 가 달라고 간청했습니다.

그러므로 성인들이 드리는 기도조차도 오직 우리 자신이 무심하지 않을 때만 선하고 위대한 결과를 가져온다는 점을 명심해야 합니다. 예를 들어, 예레미야의 기도가 어떻게 유대인들을 이롭게 했습니까? 그는 항상 그의 백성을 위해 기도했습니다. 하지만 그는 언제나 똑같은 응답을 받았습니다. "이 백성을 위해서는 더 이상 기도하지 말라. 나는 너의 기도를 들어주지 않을 것이다." 사무엘이 마지막 날까지 사울을 위해서 기도했고 울부짖었지만, 그가 사울에게 어떤 점에서 도움을 주었습니까? 그가 이스라엘 백성에게 어떤 점에서 도움을 주었습니까? '나는 여러분의 구원을 위해 기도하기를 멈추는 죄를 결코 범하지 않을 것입니다"라고 사무엘은 백성들에게 말하곤 했습니다. 그럼에도 불구하고, 백성들은 모든 것을 잃었습니다. 왜일까요? 하느님께서는 예리미야의 입을 통해서 이렇게 설명해 주십니다. "모세와 사무엘이 내 앞에 서서 그들을 위해 기도했지만, 그들이 너무나도 악했으므로, 내 마음이 이 백성을 향해 돌아서지 못하였노라."

결론적으로 말해서, 그렇다고 이 모든 사실이 기도는 아무 열매도 없는 것임을 증명해 주는 것일까요? 물론 기도는 열매를 맺습니다. 하지만 앞에서 말했듯이 우리 자신도 그에 협력해야 합니다. 백인대장 고르넬리오를 기억하십시오. 그는 하느님께 늘 감사했고 끊임없이 기도했기 때문에 그리스도교 신앙에 들어설 자격 있는 자가 되었습니다.

의로운 다비타를 또한 기억하십시오. 그녀 또한 감사하며 살았고, 그래서 성 베드로의 기도를 통하여 다시 살아났습니다. 히즈키야 왕 시대에 하느님께서는 예루살렘을 아시리아로부터 구원하셨습니다. 왜

그랬나요? 히즈키야가 의로운 사람이었고 그 도성과 백성들을 위해 간절히 기도했기 때문이었습니다. "내가 이 도성을 방어할 것이로다"라고 주님께서 선한 왕에게 말씀하셨습니다. 이것이 바로 하느님께서 하시는 일입니다.

성경에서 발견할 수 있는 것 중의 몇 가지에 불과한 이 모든 예들이 주는 교훈은 무엇입니까? 그것은 성인들이 우리를 위해 드리는 기도뿐만 아니라 우리 자신의 기도도, 그것이 의로움과 감사의 마음과 겸손함으로 드려지고, 우리가 신성모독과 증오와 비난의 죄에서 멀리 떨어져 있을 때, 응답된다는 것입니다. 그러므로 우리가 우리 손과 발과 입술과 생각과 마음으로 저지른 죄 안에서 즐거움을 느끼고, 뻔뻔스럽게 하느님의 법을 위반하며, 부끄러워하지도 않고 하느님의 뜻을 거역한다면, 어떻게 감히 주님께 도움을 구할 수 있겠습니까? 더 나아가 우리가 겸손과 자기 인식 없이, 어떻게 감히 하느님께 불평할 수 있겠으며, 하느님께 이 모든 것을 청하고 요구할 수 있겠습니까?

＊ ＊ ＊

"늘 기도하십ㅅ 오. 어떤 처지에서든지 감사하십시오. 이것이 그리스도 예수를 통해서 여러분에게 보여주신 하느님의 뜻입니다.'

(데살로니카 전 5:17-18)

기도와 참회

 간구의 손을 하늘로 향해 들기 전에, 먼저 진심 어린 참회를 결심합시다. 우리는 너무도 손으로 죄를 짓기 때문에, 우리가 손을 들어 기도할 때는 언제나 그 손들이 불의를 행하기 위해 존재하는 것이 아님을 상기해야만 합니다. 무언가를 훔치거나 다른 사람을 때릴 때, 기억하십시오. 이 손들은 기도 때, 영적인 제물로 하느님께 들어 올려질 것임을. 그러니, 그 손들을 부끄럽게 하지 마십시오. 그 손들이 하느님 앞에 나서기에 합당치 못한 것이 되지 않도록 하십시오. 자선과 자애와 선을 행함으로써 그 손들을 깨끗하게 하십시오. 그래서 기도하기 위해 그 손들을 들어 올릴 때 순결한 것이 될 수 있도록 하십시오. 흙투성이가 된 손으로도 기도해서는 안 된다고 생각하면서, 여러분은 어떻게 죄로 더러워진 손을 가지고 기도하려는 것입니까? 기도할 때 더러운 손을 들어 올린다고 죄가 되는 것은 아닙니다. 정말 죄가 되는 것은 우리 자신의 셀 수 없는 죄로 오염된 손을 들어 올리는 것입니다. 그것이야말로 끔찍한 일이고 하느님을 슬프게 하는 것입니다. 그것은 결국 우리 자신에게 형벌을 불러오는 것입니다.

* * *

　나의 하느님 주 예수 그리스도시여, 죄 많고 쓸모없고 가치 없는 당신의 종인 내가, 어려서부터 이날 이 시간까지, 알게 모르게, 말로나 행위로, 의도나 생각으로, 습관적으로나 의식적으로, 또는 감각을 이용해, 당신께 지은 모든 잘못과 죄를 없애주시고, 용서해주시고, 사해주소서. 씨 없이 당신을 잉태하신, 흠 없으신 평생 동정녀 마리아,

유일하고 확실한 나의 희망이시고 보호이시고 구원이신 당신의 어머니의 중보를 통하여, 내가 단죄받지 않고, 당신의 순결하고 불멸하고 생명을 주시는 감탄스럽고 놀라운 성사를 받아 모실 수 있는 자로 만들어주시어, 죄의 용서와 영원한 생명을, 또한 성화와 조명과 힘과 치유와 영육의 건강을 얻게 해주시고, 내 악한 생각과 의도와 편견과 어둡고 악한 영들의 밤의 환상들을 덮어주시고 완전히 소멸시켜 주소서. 나라와 권세와 영광과 존귀와 경배가 이제와 항상 또 영원히 성부와 성령과 함께 당신께 있나이다. 아멘.

(성체성혈을 영하기 전에 드리는
성 요한 크리소스토모스의 세 번째 기도)

어떻게 할 때 기도의 유익이 나타나지 않을 수 있나요?

우리가 수많은 방식으로 하느님을 슬프게 한다는 것은 정말로 사실입니다. 우리는 심지어 교회 안에서, 거룩한 성찬 예배가 거행되는 동안에도 죄를 짓습니다. 마음속에 들어있는 더러운 생각들, 마음속에 품고 있는 더러운 욕망들, 매일 우리 이웃들에 대해 폭발시키는 비판의 말들, 지금까지 저지른 거짓말의 죄, 악행들, 그리고 모든 불의들을 하느님께서 모조리 셈하신다면, 우리는 결코 어떤 이해나 관용도 요구할 수 없을 것입니다. 우리 형제들이나 친구들이 번영을 누리면 우리는 불행해합니다. 우리 이웃이나 친척이나 그 밖의 누가 고통을 받을 때, 우리는 기뻐합니다. 마치 그가 겪는 재앙이 우리 자신의 평안과 기쁨이기라도 한 듯 말입니다. 우리의 기도는 겉만 번지르르합니다. 우리는 하느님께서 멀리하라고 우리에게 명령하신 불필요한 것들을 간구합니다. 우리를 미워하는 사람들에게 축복해주라고 배웠지만, 우리는 조금도 부끄러워하지 않고 우리 이웃들을 저주합니다.

사람이여 그대는 무엇을 하고 있습니까? 그대는 형제에게는 저주를 퍼부으면서, 하느님께는 그대를 도와달라고 간구합니까? 이것은 그야말로 정신 나간 짓 아닙니까? 그대 자신을 속이지 마십시오. 그대가 용서를 실천하지 않는다면 그대 또한 용서받지 못할 것입니다. 그대는 이것을 너무 잘 알고 있습니다. 그런데도 계속해서 그대의 마음속에 증오의 저주를 품고 있고 그대의 원수가 큰 해를 입기를 바라고 있습니다. 그대의 뻔뻔함은 정말로 놀랍습니다. 그대는 형제들을 용서하지 않을 뿐만 아니라 그를 용서해주지 말라고 하느님께 기도하니 말입니다. 용서하지 않는 사람은 용서받지 못할진대, 용서해주지 말라고 주님께 기도하는 사람이 어떻게 용서받을 수 있겠습니까? 내 말을 믿으십시오. 원수를 만드는 것도 큰 죄이지만, 그들을 욕하고 저주하는 것은 더욱 나쁜 것입니다. 혹시 그대 또한 개인적으로 책임이 있음에도 불구하고 그대의 원수들을 욕하고 저주하고 있지는 않습니까? 타인들을 벌해달라고 하느님께 기도한다면, 그대가 아무리 자신의 죄를 위해 기도하고 하느님의 무한한 자비를 구한다 한들, 하느님께서 그대에게 용서를 베푸시겠습니까? 그러는 한 그대의 불경은 계속될 것입니다.

혼자 기도하는 동안에도 그대는 주위를 두리번거리고 하품을 하고 수많은 불결한 생각들이 당신의 마음속에 들어오도록 허용합니다. 하지만 그대의 원수에 반대하여 기도할 때, 그대의 마음은 정말 맑고 놀라울 만큼 집중됩니다.

그대가 분명 알고 있듯이 악마는 우리가 우리 이웃의 고통을 원하기만을 바랍니다. 악마는 우리가 마음속에 증오를 키우길 원합니다. 그리고 결국은 그 증오의 칼끝이 우리 자신을 향하도록 할 것임을 우리는 매우 잘 알고 있습니다. 이것이 바로 우리가 증오를 품고 있을 때 악마가 우리의 관심을 흩어놓지 않고 우리의 생각이 여기저기 끌려다니지 않게 하는 이유입니다.

그러므로 그대가 당한 악을 잊으십시오. 그래서 주님께서 그대의 죄들을 지워버리게 하십시오. 그대가 "내 원수를 벌해주십시오"라고 말하는 한, 그대는 자신 스스로 입을 막아버린 꼴이 되기 때문입니다. 그대의 혀는 이제 하느님께 간구할 자격을 잃게 됩니다. 먼저 그대는 그대가 저지른 죄들로 인해 하느님을 슬프게 만들었기 때문입니다. 그다음 그대는 기도 그 자체의 본성에 반대되는 것들을 하느님께 요구했기 때문입니다. 그대가 용서받길 간구하면서, 어떻게 벌을 운위할 수 있습니까? 그대는 그와 반대되는 일, 곧 타인들을 위해 기도하는 일을 해야 합니다. 그래서 그대 자신을 위한 간절한 탄원을 제출할 수 있도록 해야 합니다.

그대의 형제들을 위해, 특별히 그대에게 해를 끼치고 모욕을 주고 비난하고 그대의 마음에 참담함과 감

정의 고통을 가득 채워준 친 이들을 위해 기도한다면, 바로 그때 그대는 가장 훌륭하고 가장 간절한 기도를 바친 것이고, 그것이야말로 하느님께서 가장 좋아하시는 일 중에 하나라는 것을 반드시 알고 명심하십시오. 또한 그럴 때 비록 그대 자신의 죄를 위해 기도할 시간을 갖지 못하여 한 마디 간청도 하지 못했을지라도 그대의 죄가 용서받게 될 것이라는 사실을 명심하십시오.

자기 마음속에 증오를 키우는 사람보다 더 비열하고 어둡고 비참한 사람은 없습니다. 저주와 혐오와 악담을 퍼붓는 혀보다 더 추잡한 것은 없습니다. 그대는 사람입니다. 절대로 짐승이 되지 마십시오. 그대는 남을 물기 위해서가 아니라 형제들을 격려하고 위로하기 위해서 입을 받았습니다. 하느님의 충고는 엄중합니다. 우리 모두가 용서해야 한다는 것입니다. 그분의 계명을 폐하면서 어떻게 그분께 기도할 수 있겠습니까? 그런 기도에 제일 기뻐할 자가 악마이고, 악마는 그대를 비웃고 있을 것이라고 생각되지 않으십니까? 다른 사람의 잘못을 폭로하는 그런 행동을 볼 때 그 누구보다 하느님께서 가장 깊이 슬퍼

하실 것이라는 사실을 그대는 정말 알지 못한단 말입니까?

"그러나"라고 그대는 나에게 말합니다. "나는 경멸을 당했고 모욕과 비방을 받았으며 너무도 큰 상처를 입어서, 내 마음은 참담해졌다"고 말입니다. 그럴 때, 정말 그대에게 이 모든 고통을 안겨준 사람을 위해 기도하십시오. 이 모든 시련을 가져온 것은 그들이 아니기 때문입니다. 그 장본인은 그들 뒤에 숨어 있는 악마이기 때문입니다. 우리에게는 주 예수 그리스도의 모범이 있습니다. 예수 그리스도께서는 자신을 십자가에 못 박은 이들을 용서해 달라고 하늘에 계신 아버지께 기도했습니다. 마찬가지로, 우리도 우리를 십자가에 매단 사람들을 위해 기도해야 하고, 인내하며 그들에게 감사해야 합니다.

신뢰를 가지고 하느님께 다가가려면, 그대 마음속에 들어가 머물려고 하는 화를 받아들이지 마십시오. 반대로 마치 그것은 미친개와 같다고 여기고 쫓아내십시오. 성 바울로께서도 똑같이 권면하십니다. "어느 예배소에서나 남자들이 성을 내거나 다투거나 하는 일이 없이 깨끗한 손을 들어 기도하기를 바랍니

다."(디모테오 전 2:8)

* * *

　오 나의 주님, 나의 주관자시여, 나는 너무 보잘것없어서 당신을 내 영혼의 지붕 아래 모시기에 합당치 못하나이다. 하지만 당신은 사랑의 친구로서 내 안에 머물고자 하시니, 내가 신뢰하며 당신께 나아가나이다. 당신께서 명하시니, 나는 당신께서 창조하신 문들을 열겠나이다. 그리고 당신은 당신이 빚으신 사람에 대한 사랑으로 들어오실 것이나이다. 당신은 들어오시어 어두워진 내 이성을 밝혀주실 것이나이다. 나는 당신께서 그렇게 하실 것이라 믿나이다. 당신은 당신에게 다가오는 창녀를 내치지 않으셨고, 회개하는 세리를 물리치지도 않으셨으며, 당신의 왕국을 고백하는 강도를 거절하지 않으셨고, 회개한 박해자를 냉대하지도 않으셨나이다. 오히려 당신은 회개를 통해 당신께로 돌아온 이들을 당신 친구들의 무리 속에 있게 하시나니, 당신만이 홀로 이제와 항상 또 영원히 찬양받으시나이다. 아멘.
　　　　　　　　　(성체성혈을 영하기 전에 드리는
　　　　　　　　　성 요한 크리소스토모스의 두 번째 기도)

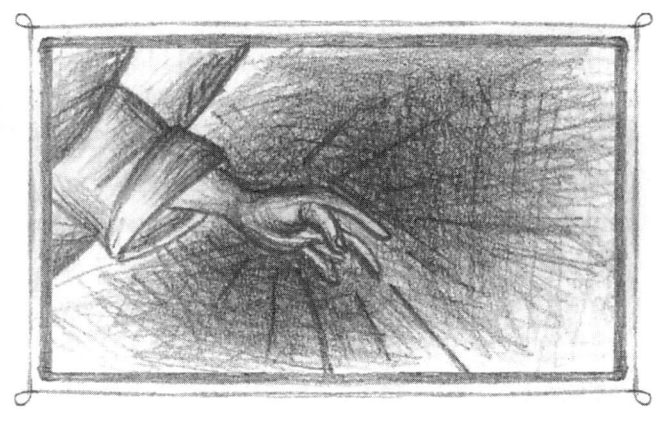

기도할 때 몸과 마음의 자세

 몸과 마음 모두 무릎 꿇읍시다. 그러면 그분께서는 죄로 인해 넘어진 우리를 다시 일으키실 것입니다. 우리의 형제들에 대한 친절함과 관대함을 가지고 그분께 아룁시다. 그대는 물을 것입니다. "기도하는 동안에도 관대하지 못할 만큼 가련하고 개탄스러운 사람은 어떤 사람입니까?" 나는 이렇게 대답하겠습니다. "악의를 가지고 기도하는 사람, 화를 품고 기도하는 사람, 자기의 적들에 대한 앙심으로 고함치는 사람이 그런 사람입니다."

온 세상의 임금께 우리 모두 나아갑니다. 그분 앞에 우리의 몸뿐만 아니라 우리의 영혼까지도 엎드립시다. 우리가 어떤 분에게 다가가고 있는지, 또 우리가 왜 그렇게 하는지, 우리가 이루고자 하는 것은 또 무엇인지 똑바로 깨달읍시다. 우리는 하느님께 나아갑니다. 세라핌들도 그분 앞에 서면 눈을 가립니다. 그분의 빛을 견딜 수 없기 때문입니다. 우리는 하느님께 다가갑니다. 땅도 그분을 보면, 두려워 떱니다. 우리는 하느님께 다가갑니다. '창조되지 않은 빛' 속에 머무시기에 도저히 다가갈 수 없는 바로 그 하느님께 다가가고 있는 것입니다.

내게 말해보십시오. 만약 그대가 손에 진흙이나 똥을 묻히고 있다면 과연 감히 기도드릴 수 있겠습니까? 결코 그럴 수 없을 것입니다. 그러면 이미 더러워졌을 때 어떻게 해야 하겠습니까? 여러분 자신을 씻어야 합니다. 나 자신을 어떻게 하면 씻을 수 있을까요? 외치십시오. 한숨지으십시오. 적선하십시오. 여러분이 해를 끼친 이들에게 용서를 구하십시오. 여러분의 입을 깨끗이 하여 더 이상 하느님께서 괴로워하시지 않게 하십시오.

기도하려면 여러분 개인의 방으로 들어가십시오. 왜 그곳일까요? 우리는 교회에서 신자들과 함께 모인 곳에서 기도해야 하지 않을까요? 물론입니다. 하지만 언제나 똑같은 마음가짐으로 기도해야 합니다. 하느님께서는, 우리 행동에 대해, 장소와 상관없이, 그 행동의 이유를 먼저 생각하십니다. 그대가 그대의 방에 들어가 문을 굳게 걸어 잠근다 할지라도, 남에게 과시하기 위해 그렇게 하는 것이라면, 닫힌 문도 그대에게 아무 유익이 없을 것입니다.

매우 자주 우리의 요구가 하느님에 의해 충족되고 나면 도리어 기도하려는 우리의 의지는 해이해지곤 합니다. 그래서 하느님께서는 우리가 기도 안에서 깨어있기를 원하시는 것입니다.

깊은 슬픔에 젖은 이들의 영혼이 그렇습니다. 회한 속에 있을 때, 우리의 마음은 기민해지고, 하느님께 애원합니다. 물론 이것이 기도가 응답받게 되는 이유입니다. 이 기도들은 매우 강력하기 때문입니다. 악마의 가장 악독한 공격에서도 그 기도들은 바위처럼 꿈쩍하지 않기 때문입니다. 그것은 뿌리가 땅속 깊이 박혀 단단히 흙을 부여잡고 있는 강한 나무와 같습니다. 그런 나무는 아무리 강한 바람에도 견딜 수 있습니다. 그래서 우리가 하느님을 부를 때마다 하느님께서는 우리에게 도움을 주시고 쉽게 우리의 기도를 들어주십니다.

어떤 경우에는 하느님께서 그대를 고통 속에 있게 합니다. 그러면 그대는 그분을 부르고 도와달라고 외칩니다. 하지만 시련을 당하게 되면, 대부분의 사람들은 평소 가지고 있던 작은 신심마저도 내던져 버립니다. 정말 그와 정반대로 행동해야 함에도 불구하고 말입니다. 하느님께서는 우리를 매우 사랑하십니다. 그래서 우리로 하여금 고된 시련을 겪게 하십니다. 그 시련 속에서 우리가 더 끈끈하게 더 가깝게 그분께 우리를 묶어 매게 하시려는 것입니다.

어머니들도 똑같이 하십니다. 말을 듣지 않고 반항하는 자녀들에게는 위협을 가하여, 자녀들로 하여금 그들의 품 안으로 피신하게 만듭니다. 그렇게 하는 것은 자녀들을 낙담케 하려는 것이 아닙니다. 오히려 어머니들은 자녀들이 그들 가까이에 있게 하도록 수많은 다양한 방법들을 고안하는 것입니다.

이와 유사하게 하느님께서도 사랑에 미친 사람처

럼, 아니 사랑에 목맨 사람처럼 행동하십니다. 그분은 우리가 영원토록 그분과 연합하여 하나가 되기를 바라시기 때문입니다. 때때로 그분은 우리가 고통과 슬픔에 떨어지게 내버려 두십니다. 그래서 우리가 끊임없이 기도하게 하십니다. 물질적인 것에 빠져있는 정신적 산만함을 다 버리고 하느님께 가까이 가기 위해 정말로 최선을 다하게 하십니다.

우리가 영적으로 깨어있다면, 우리의 적들도 우리에게 아무 해를 끼칠 수 없을 뿐만 아니라, 우리가 모욕과 중상으로 되갚게 하기보다는 오히려 우리를 진지하고 주의 깊게 만들어 줌으로써 선으로 이끌어줍니다. 그래서 우리의 슬픔 때문에 오히려 그들을 위해 기도할 수 있게 해줍니다.

그러므로 우리 자신을 온전히 기도로 향하게 합시다. 우리의 적들이 악하면 악할수록, 우리는 더욱 그들을 위해 하느님께 간청해야 합니다. 그들을 어리석음에서 벗어나게 해달라고 더욱더 하느님께 탄원해야 합니다. 그럴 때 모든 사람이 진리를 알고 구원받기를 원하시는 분 우리 구세주 하느님께서 우리의 기도를 들어주시기 때문입니다. 그러므로 그들을 위해서 하느님께 기도하길 결코 멈추지 맙시다.

* * *

"너희가 기도할 때 믿고 구하는 것은 무엇이든지 다 받을 것이다."

(마태오 21:22)

금식과 기도

기도의 힘은 언제나 위대합니다. 그러나 기도가 금식과 결합되어 있을 때, 기도는 마음을 더욱 굳세게 합니다. 우리의 지혜는 더욱 자라나고, 우리의 정신은 각성하고, 우리 영혼은 하늘의 것만을 추구하게 됩니다. 성경에서 기도가 늘 금식과 결합되어 있는 것을 보게 되는 이유가 바로 이것입니다. "이런 종류의 마귀는 기도와 단식을 하지 않고서는 쫓아낼 수 없다."(마태오 17:21) "그래서 그들은 다시 단식하며 기도를 하고 나서 그들에게 안수를 해주고 떠나보냈

다."(사도행전 13:3)

그러므로 사랑하는 그대들도 식탁에 앉았을 때나 식사가 끝난 후에 기도하는 것을 잊지 마십시오. 너무 배부르게 먹지 말고 절제하십시오. 그래서 너무 과식하여 기도하기 위해 무릎 꿇는 것도 못할 정도가 되어서는 안 되겠습니다. 동물들도 배를 채운 다음에는 일을 하거나 길을 가거나 그들이 할 일을 한다는 것을, 그대도 잘 알지 않습니까? 하지만 그대들은 식사한 후 도리어 나른해지고 더 이상 어떤 일도 할 수 없는 상태가 됩니다.

왜 그대들은 당나귀보다 가치 없는 사람들이 되는 걸까요? 그것은 바로 이 순간에 우리는 더욱 주의하고 깨어있어야 하는데, 그렇게 하지 않기 때문입니다. 즉, 식사 다음에 오는 이 순간이야말로 감사의 시간입니다. 감사하는 사람은 결코 술이나 음식에 취하지 않고 늘 집중하며 깨어있습니다. 우리는 식사를 마친 후 곧바로 잠자리에 들지 않고 기도해야 합니다. 그렇게 하여 우리가 동물만도 못한 존재가 아님을 입증해야 합니다. 식사 후에 곧바로 잠자거나 부부관계를 갖지 말고, 오히려 기도하고 성경을 공부하라고 그리스도께서도 직접 명하십니다. 광야에서 수많은 군중을 먹이셨을 때 그리스도께서는 그들을 잠자리로 보내지 않고 대신 하느님의 말씀을 읽고 배우게 하셨습니다. 생명이 음식을 위해 창조된 것이 아니라, 처음부터 음식이 생명을 위해 창조되었습니다.

* * *

"그러나 이런 종류의 마귀는 기도와 단식을 하지 않고서는 쫓아낼 수 없다."

(마태오 17:21)

교회의 기도

교회의 기도는 참으로 큰 능력이 있습니다. 그래서 우리가 돌처럼 둔해도 그 기도는 우리의 혀를 깃털보다 더 가볍게 만드는 힘이 있습니다.

그것은 산들바람과 같습니다. 산들바람이 돛을 가득 채울 때 배는 화살보다 더 빨리 움직입니다. 이처럼 교회의 기도도 산들바람보다 더 빨리 기도의 말을 쏘아 올립니다.

우리 주님의 요구에 따라 살고 행동하기 위해서 더 많은 관심과 더 뜨겁고 전폭적인 의지를 보여줍시다.

그래서 우리의 기도가 열매를 맺고 이 지상의 삶에서부터 하늘에 있는 왕국에 도달할 수 있도록 합시다.

주 예수 그리스도께 바치는 카논

2조
1오디

《옛날 주님은 파라오의 군대, 강한 기병들을 해저에 침몰시켰으나, 지금 육화하신 말씀께서는, 해로운 죄악을 없애버렸도다. 주님은 영광 받으셨나니, 찬란히 빛나시도다.》

온유하신 예수여, 우리를 구원하소서.

지극히 온유하신 예수 그리스도시여, 당신은 인내가 많으시니, 내 영혼의 상처를 낫게 하시고, 내 마음을 부드럽게 해주소서. 지극히 자비로우신 예수, 내 구세주시여, 간구하오니, 나를 구원하시어, 당신께 영광 돌리게 하소서.

온유하신 예수여, 우리를 구원하소서.

지극히 온유하신 예수 그리스도시여, 내게 참회의 문을 열어주소서. 사람의 친구이신, 내 구세주 예수여, 내가 간절한 마음으로, 당신 발 앞에 엎드려, 내 죄 용서를 비오니, 나를 받아주소서.

온유하신 예수여, 우리를 구원하소서.

지극히 온유하신 예수 그리스도시여, 사탄의 기만적인 손에서, 나를 빼내주소서. 예수여 당신 영광의 오른편에, 나를 서게 하시고, 내 구세주 예수여, 당신 왼편에 설 자들의 운명에서, 나를 건져주소서.

거룩한 성모여, 우리를 구원하소서.

우리 하느님 예수를 낳으신, 지극히 순결하신 여왕이시여, 우리 무익한 종들을 위해 기도해주시어, 정결하시고 흠 없으신 당신의 기도를 통하여, 더러워진 우리가 고통에서 벗어나, 영원한 영광을 누리게 하소서.

3오디
《나를 신앙의 반석 위에 세우시고, 원수를 이길 능력 주셨나니, 내 영은 기뻐 환호하며 찬양하나이다. 우리 하느님 당신처럼 거룩하신 분 없고, 주님 당신

말고 의로우신 분 없나이다.》

   온유하신 예수여, 우리를 구원하소서.

   사람의 친구이신 예수여, 참회하며 당신을 부르는 종들에게 귀 기울이시고, 심판의 형벌에서 나를 구원하소서. 예수여 당신만이 오래 참으시고, 지극히 온유하시며 자비로 충만하시나이다.

   온유하신 예수여, 우리를 구원하소서.

   나의 예수여, 당신 발 앞에, 눈물로 엎드린 종을 일으키시고, 지극히 온유하시고 자비로 충만하신 예수여. 지옥에서 나를 건져주소서.

   온유하신 예수여, 우리를 구원하소서.

   나의 예수여, 당신께서 주신 시간을, 나는 정념을 따라 탕진했나이다. 하오나 예수여 간청하오니, 나를 내치지 마시고, 지극히 온유하신 예수, 나의 주여, 나를 구원하소서.

거룩한 성모여, 우리를 구원하소서.

나의 예수를 낳으신 동정녀시여, 나를 지옥에서 구원해주시도록, 그분께 간청해주소서. 고난 당하는 자들의 유일한 보호자시여, 당신은 하느님 은총으로 충만하시니, 내게 영원한 생명을 보장해주소서.

카티즈마 1조

내 구세주 예수여, 당신은 탕자를 구원하셨고, 창녀를 받아들이셨나니, 내 구세주 예수여, 나를 또한 불쌍히 여기소서. 지극히 자비로우신 예수, 사람의 유일한 친구, 관대하신 예수, 모든 선의 제공자 예수여, 므나쎄를 구원하셨듯이, 내게도 연민을 베푸시고 구원하소서.

영광이 성부와 성자와 성령께 이제와 항상 또 영원히 있나이다. 아멘.

성모님이시여, 우리 영혼의 해방자 구세주 하느님을 낳으셨나니, 당신 종들의 기도를 받아주시고, 우리를 모든 불행에서 건져주소서. (테오토키온)

  지극히 순결하신 이여, 당신의 도움 받은 우리는, 당신의 기도로 불행에서 벗어났나이다. 당신 아들의 십자가로, 우리가 영원히 보호되나니, 경건하게 당신을 찬미함이 마땅하나이다. (십자가 테오토키온)

4오디
《당신은 사절이나 천사가 아니라, 육화하신 주님으로서, 동정녀를 통해 오셨고, 내 존재 전체를 구원하셨나니, 당신께 외치나이다. 당신의 권능에 영광 돌리나이다.》

  온유하신 예수여, 우리를 구원하소서.

  나의 예수여, 당신께 기도하오니, 내 영혼의 상처들을 고쳐주시고, 영혼을 부패시키는 사탄의 손에서, 나를 빼내주소서. 자비가 충만하신 나의 예수여,

나를 구원하소서.

　온유하신 예수여, 우리를 구원하소서.

　지극히 온유하시고 관대하신, 나의 예수여, 내가 죄지었지만, 당신의 보호 아래로 달려가니, 나를 구원하소서. 지극히 인내가 많으신 예수여, 당신의 왕국을, 나에게도 보장해주소서.

　온유하신 예수여, 우리를 구원하소서.

　나의 예수여, 나보다 죄 많은 사람 하나 없나니, 나는 비참한 존재이나이다. 하오나 이제 엎드려 기도하오니, 나의 예수여, 나를 구원하시고, 영원한 생명의 유산을 주소서.

　거룩한 성모여, 우리를 구원하소서.

　우리의 찬양 받으시는 동정녀여, 당신은 주 예수를 낳으셨나니, 진실로 당신을 테오토코스라 부르며 찬양하는 모든 이들을, 고통에서 건져주시도록, 그분께 간청해주소서.

5오디
《나의 구세주 그리스도시여, 당신은 어둠 속에 누운 자들의 빛, 절망한 이들의 구원이시니, 평화의 왕이시여, 이른 새벽 당신 향해 일어서는 나를, 당신의 광채로 밝혀주소서. 당신 외에 다른 신을, 우리가 알지 못하나이다.》

온유하신 예수여, 우리를 구원하소서.

구세주 예수여, 당신은 내 영의 조명이시고, 절망한 내 영혼의 구원이시니, 당신께 부르짖는 나를, 형벌과 지옥에서 건져주소서. 내가 외치나니, 나의 예수 그리스도시여, 비참한 나를 구원해주소서.

온유하신 예수여, 우리를 구원하소서.

나의 예수여, 수치스런 정념에, 완전히 굴복한 내

가, 당신 향해 외치나니, 도움의 손 뻗으시어, 나를 부패에서 끌어내주소서. 내가 외치나니, 나의 예수 그리스도시여, 비참한 나를 구원해주소서.

온유하신 예수여, 우리를 구원하소서.

더러워진 영으로, 내가 당신께 외치나니, 나의 예수여, 음란의 더러움에서, 나를 깨끗케 하소서. 내 구세주여, 당신께 기도하오니, 무지로 깊은 악에 빠져든, 나를 구원하소서.

거룩한 성모여, 우리를 구원하소서.

테오토코스 동정녀시여, 당신은 예수를 낳으셨나니, 그분께 간청하시어, 모든 수도자와 정교회 백성을 구원해주시고, 당신보다 더 강한 보호자 없다고, 외치는 모든 이들을, 지옥에서 건져주소서.

6오디

《죄의 심연에 빠져든 내가, 당신 자비의 헤아릴 수

없는 심연에 호소하나니, 하느님이시여, 나를 부패에서 일으켜주소서.》

온유하신 예수여, 우리를 구원하소서.

자비가 충만하신 예수 그리스도시여, 내 죄를 고백하오니, 나를 받아주소서. 주 예수여, 나를 구원하시고, 부패에서 빼내주소서.

온유하신 예수여, 우리를 구원하소서.

나의 예수여, 정념의 사람인 나만큼 문란한 자 또 없사오나, 사람의 친구이신 예수여, 나를 구원하소서.

온유하신 예수여, 우리를 구원하소서.

나의 예수여, 나의 정념은, 창녀와 탕자를 능가하였고, 예수여, 므나쎄와 세리를, 또한 강도와 니느웨 백성을, 능가하였나이다.

거룩한 성모여, 우리를 구원하소서.

순결하고 정결하신 동정녀시여, 당신은 나의 예수 그리스도를 낳으셨나니, 이제 당신 기도의 이슬로, 불결한 나를 또한 정화하소서.

콘타키온 6조
세상의 빛이신, 지극히 온유하신 예수여, 당신의 거룩한 광채 보게 하시어, 내 영혼의 눈을 비춰주소서. 하느님의 아들이시여, 지지 않는 빛이신 당신을, 내가 찬양케 하소서.

7오디
《두라 평지에서, 금신상이 경배 받을 때, 세 소년은 불경한 명령을 무시하였나니, 그들은 불 속에 던져졌지만, 이슬로 시원케 되어 찬양하였나이다. 우리 조상들의 하느님은, 찬미 받으시나이다.》

온유하신 예수여, 우리를 구원하소서.

예수 그리스도시여, 지상의 누구도, 비참하고 문란한 나만큼 죄짓지 않았나니, 나의 예수여, 내가 당신께 부르짖나이다. 나를 불쌍히 여기소서. 내가 당신을 찬양하나이다. 주 우리 조상들의 하느님, 당신은 찬미 받으시나이다.

온유하신 예수여, 우리를 구원하소서.

예수 그리스도시여, 내가 당신께 부르짖나이다. 예수여, 간구하오니, 나를 당신 경외함 안에, 못박아 주시고, 당신의 고요하고 평화로운 항구로, 나를 인도해주소서. 그리하여 당신에 의해 구원받아, 자비로 충만하신 당신을, 찬양케 하소서. 주 우리 조상들의 하느님, 당신은 찬미 받으시나이다.

온유하신 예수여, 우리를 구원하소서.

예수 그리스도시여, 비참한 나는 수천 번 당신께, 참회를 약속했으나, 정념의 사람인 나는, 거짓을 말하였나이다. 나의 예수 당신께 부르짖나니, 그리스도시여, 무감각한 내 영혼을 밝혀주소서. 우리 조상들의 하느님, 당신은 찬미 받으시나이다.

　거룩한 성모여　우리를 구원하소서.

　지극히 흠 없으신 여왕이시여, 당신은 경이롭고 초자연적인 방법으로, 예수 그리스도를 낳으셨나니, 그분께 간청하시어, 본성에 거역하여 지은, 내 모든 죄를 용서해주소서. 그리하여 내가 구원받고, 당신께 외치게 하소서. 육신으로 하느님을 낳으신 당신은 찬미 받으시나이다.

8오디
《모든 피조물들아, 하느님을 찬미할지어다. 하느님께서 히브리 소년들과 함께 불가마 속에 내려가시어, 화염을 이슬로 바꾸셨나니, 위대하신 하느님을 영원토록 드높일지어다.》

　온유하신 예수여, 우리를 구원하소서.

나의 예수여, 당신께 간청하나니, 수많은 죄에서, 창녀를 건져내셨듯이, 나를 또한 건져주시고, 그리스도 나의 예수여, 더러워진 내 영혼을 깨끗케 하소서.

온유하신 예수여, 우리를 구원하소서.

예수여, 나는 비이성적 쾌락에 몰두하였고, 나 자신도 이성 잃은 자가 되었나니, 비참한 나는 정념으로 인해, 짐승이 되고 말았나이다. 나의 구세주 예수여, 비이성적 상태에서 나를 건져주소서.

온유하신 예수여, 우리를 구원하소서.

예수여, 나는 영혼을 부패시키는 강도들의 손에 떨어져, 하느님께서 짜주신 옷을 빼앗기고, 부상 당하고 초죽음 되어, 땅에 쓰러졌나이다. 그리스도시여, 내게 기름과 포도주를 부어주소서.

거룩한 성모여, 우리를 구원하소서.

테오토코스 마리아여, 나의 예수 나의 하느님 그리스도를, 당신 품에 안으셨나니, 정결하신 동정녀여, 당신의 종 당신의 찬양자들을, 모든 위험에서 구해주시도록, 항상 그분께 간청해주소서.

9오디

《말씀이신 하느님, 하느님으로부터 나신 하느님이시여, 당신은 형언할 수 없는 지혜로, 선악과를 먹고 심각한 부패와 타락에 떨어진 아담을, 새롭게 하러 오셨나니, 당신은 우리 구원을 위해, 거룩한 동정녀로부터 육신을 취하셨나이다. 우리 신자들은 마음 모아, 성가로 당신을 찬양하나이다.》

온유하신 예수여, 우리를 구원하소서.

나의 예수여, 나는 수치스럽고 부패한 행위로, 므나쎄와 세리, 창녀와 탕자와 강도를 능가하였나니, 자비로우신 나의 예수여, 나를 변화시켜 주소서. 나의 예수여, 나를 구원하소서.

온유하신 예수여, 우리를 구원하소서.

나의 예수여, 비참한 나는 가혹한 정념으로, 율법 이전과 율법 아래, 그리고 율법 이후 은총의 시대까지, 아담 이래 죄지었던, 모든 이들을 능가하였나니, 나의 예수여, 당신의 판결로 나를 구원하소서.

온유하신 예수여, 우리를 구원하소서.

나의 예수여, 당신의 영원한 영광에서, 내가 분리되지 않게 하시고, 당신 왼편에 서는 자들의 운명이, 내게 닥치지 않게 해주소서. 온유하신 예수여, 당신 오른편의 양떼에 나를 속하게 해주소서. 나의 예수 그리스도시여, 당신은 자비로우시나니, 내게 안식을 주소서.

거룩한 성모여, 우리를 구원하소서.

테오토코스, 홀로 정결하신 동정녀 마리아여, 당신의 아들 당신의 창조주를 품에 안으셨나니, 당신께 도움 청하는 모든 이들을, 유혹과 위험과 미래의 불에서 건져주시도록, 그분께 간청해주소서.

스티히라 프로소미아 6조

예수 가장 달콤한 분이시여, 내 영혼의 환희시여, 예수 내 지성의 정화시여, 주여, 자비가 많으신 분이시여, 예수 나를 구하소서. 예수 나의 구세주, 나의 예수 전능하신 분, 나를 저버리지 마소서. 구세주 예수여 나를 불쌍히 여기소서. 모든 형벌에서 나를 지켜주시고 구원받은 이들의 무리에 나도 합당케 하소서. 당신에게 선택받은 자들 가운데 나도 놓아주소서. 예수, 자애로운 분이시여.

예수 가장 달콤한 분이시여, 사도들의 영광이시여, 나의 예수 순교자들의 자랑이시여, 주여, 자비가 많으신 분이시여, 예수 나를 구하소서. 예수 나의 구세주, 나의 예수 가장 아름다우신 분, 당신께로 달려가는 나를 불쌍히 여기소서. 나의 구세주 예수여. 당신을 낳으신 분과, 당신의 모든 성인들과, 모든 예언자들의 중보를 통해, 나의 구세주 온유한 예수여, 나를 천국에 합당케 하소서, 예수, 자애로운 분이시여.

영광이 성부와 성자와 성령께

예수 가장 달콤한 분이시여, 수도자들의 영광이시여, 예수 오래 참는 분이시여, 고행자들에게 기쁨을 주고 그들을 꾸며주는 분이시여, 예수 나를 구하소서. 예수 나의 구세주, 나의 예수 지극히 선하신 분이시여, 내 손을 잡아 용에게서 구해주소서. 구세주 예수, 내가 갇힌 덫에서 나를 해방시켜 주소서. 깊은 심연 속에서 나를 건져주소서. 나의 구세주, 나를 인도하는 예수여, 나를 당신의 오른편에 있는 양떼들 무리에 넣어 세어주소서.

이제와 항상 또 영원히 있나이다. 아멘.

지극히 거룩하신 여왕이시여, 나를 인간의 보호에 맡겨두지 마시고, 당신 종의 간청을 받아주소서. 내가 고통스러워 더 이상 악마들의 독화살을 견딜 수 없나이다. 쉴 곳 없는 불행한 나는, 사방에서 폭행을 당하지만, 어디로 피신해야 할지 알지 못하나니, 내 유일한 위로는 당신이나이다. 세상의 여왕, 신자들의 희망이며 보호자시여, 나의 부르짖음을 외면하지 마시고, 내게 필요한 것을 제공해주소서.

우리 주 예수 그리스도께 드리는 기도

주 그리스도, 하느님이시여, 당신의 수난으로 나의 정념을 치유해주는 분이시여, 당신의 상처로 나의 상처를 치료해주는 분이시여, 당신께 죄지은 내가 수많은 회한의 눈물을 흘리게 하소서. 생명을 주는 당신 몸의 향기로 내 몸을 감싸 주시고, 나를 반대하는 자들로 인해 괴로워하는 내 영혼을 당신의 고귀한 피로 보듬어주소서. 나락으로 떨어지는 내 지성을 당신에게로 들어올려 주소서. 나는 회개도 하지 않고, 참회도 하지 않고 간청의 눈물도 메말랐으니, 멸망의 구렁에서 나를 건져주소서. 나는 내 지성을 육신의 정념 안에서 어둡게 할 뿐, 아픔 속에서 당신을 응시할 힘도, 당신을 향한 사랑의 눈물을 뜨겁게 흘릴 힘도 없나이다.

그러나, 주 예수 그리스도시여, 온갖 선한 것들의 보고시여, 나에게 온전한 회개를 주시어 간절한 마음으로 당신을 찾도록 도와주소서. 당신의 은총을 나에게 베푸시고, 내 안에 있는 당신의 형상을 새롭게 해주시고, 나를 당신의 율법으로 다시 인도하소서. 당신에게 선택받은 양떼들이 있는 곳에 나도 함께 놓아주시고, 당신의 신성한 성사로 피어나는 새싹들로 나를 양육해주소서. 지극히 순결하신 당신의 어머니와 모든 성인들의 중보로 간청하나이다. 아멘.

지극히 온유하신
주 예수 그리스도께 드리는
기립찬양

콘타키온 1

강력한 군대장이시고 주님이시며 지옥의 정복자시여, 당신의 피조물, 당신의 종인 나는 영원한 죽음에서 해방되었기에, 당신께 찬양의 성가를 바치나이다. 형언할 수 없는 자비를 가지신 당신은 나를 모든 재앙에서 건지셨고, 나는 당신께 "예수, 하느님의 아들이시여, 나를 불쌍히 여기소서."라고 외치나이다.

이코스 1

천사들의 창조주, 권세들의 주님이시여, 나의 혼란스러운 영과 내 입술을 열어주시어, 지극히 순결하신 당신의 이름을 찬양하게 하소서. 당신은 예전에 귀먹은 벙어리의 귀와 혀를 풀어주셨고, 그는 당신께 이렇게 말하였나이다.

지극히 경이로운 예수, 천사들의 놀라움이시여.
지극히 강하신 예수, 선조들의 해방이시여.
지극히 온유하신 예수, 족장들의 환희시여.
지극히 영광스러운 예수, 임금들의 든든함이시여.
지극히 사랑스러운 예수, 예언자들의 성취시여.

지극히 경탄스러운 예수, 순교자들의 용기시여.
지극히 고요하신 예수, 수도자들의 기쁨이시여.
지극히 자비로우신 예수, 사제들의 감미로움이시여.
지극히 관대하신 예수, 금식하는 이들의 절제시여.
지극히 온유하신 예수, 경건한 이들의 기쁨이시여.
지극히 영예로우신 예수, 동정녀들의 순결이시여.
영원토록 현존하시는 예수, 죄인들의 구원이시여.
하느님의 아들 예수시여, 나를 불쌍히 여기소서.

콘타키온 2

과부가 처절하게 우는 것을 보시고, 주여, 당신은 그를 불쌍히 여겨 이미 장사지낸 그의 아들을 부활시키셨나이다. 하오니, 나 또한 불쌍히 여겨주시고, 죄로 인해 죽게 된 내 영혼을 부활시켜 주소서. 사람의 친구이신 당신께 나는 "알렐루야!"를 외치나이다.

이코스 2

이해할 수 없는 이 지식을 이해하려고, 필립보가 물었나이다. "주여, 우리에게 아버지를 보여주소서." 하지만 당신은 그에게 대답하셨나이다. "너는 오래전부터 나와 함께 있었음에도, 아직도 내가 아버지 안에 있고, 아버지가 내 안에 있는 것을 모르느냐?" 그러므로 나는 헤아릴 수 없는 분이신 당신께 두려움으로 외치나이다.

    예수, 영원히 존재하시는 하느님이시여.
    예수, 지극히 강력한 임금이시여.
    예수, 인내 많으신 스승이시여.
    예수, 지극히 자비로우신 구세주시여.
    예수, 지극히 친절하신 나의 보호자시여.
    예수, 나를 죄에서 깨끗하게 하소서.
    예수, 내 부정을 없애주소서.
    예수, 내 불의함을 용서해주소서.
    예수, 나의 희망이시여, 나를 내버리지 마소서.
    예수, 나의 도움이시여, 나를 내치지 마소서.
    예수, 나의 창조주시여, 나를 잊지 말아 주소서.
    예수, 나의 목자시여, 내가 멸망하도록 내버려 두지 마소서.
    예수, 하느님의 아들이시여, 나를 불쌍히 여기소서.

콘타키온 3

오 예수여, 당신은 예루살렘에서 기다리던 당신의 사도들을 위로부터 오는 권능으로 입히셨나이다. 선한 행실을 하나도 걸치지 못한 벌거벗은 나도 당신의 성령의 뜨거움으로 입혀주소서. 그리하여 내가 사랑으로 당신께 "알릴루야!"를 외칠 수 있게 하소서.

이코스 3

오 예수여, 당신은 충만한 자비로 세리들과 죄인들과 불신자들을 부르셨나이다. 나도 그들과 같사오니, 이제 나를 거절하지 마소서. 오히려 이 성가를 지극히 고귀한 향유처럼 받아주소서.

예수, 정복할 수 없는 권능이시여.
예수, 무한한 자비시여.
예수, 빛나는 아름다움이시여.
예수, 형언할 수 없는 사랑이시여.
예수, 살아계신 하느님의 아들이시여.
예수, 죄인인 나를 불쌍히 여기소서.
예수, 부정함 가운데 잉태된 내 말을 들어주소서.

예수, 죄 가운데 태어난 나를 깨끗하게 하소서.

예수, 쓸모없는 나를 가르쳐 주소서.

예수, 어둠 속에 있는 나를 비추어 주소서.

예수, 더럽혀진 나를 깨끗하게 하소서.

예수, 탕아인 나를 회복시켜 주소서.

예수, 하느님의 아들이시여, 나를 불쌍히 여기소서.

콘타키온 4

불신하는 생각의 폭풍에 동요된 베드로는 근심하였나이다. 오 예수여. 하지만 육신으로 물 위를 걸으시는 당신을 보았을 때, 그는 당신이 참 하느님이심을 알았나이다. 그리하여 구원의 손을 붙잡고 그는 "알렐루야!"라고 외쳤나이다.

이코스 4

오 주님이시여, 당신이 길을 지나가신다는 이야기를 듣고 소경은 부르짖었나이다. "다윗의 자손 예수여, 나를 불쌍히 여기소서." 당신은 그를 오게 하여 그 눈을 열어주셨나이다. 하오니, 당신의 자비로 내 마음의 영적인 눈을 또한 비추어 주소서. 나는 당신께 외치나이다.

예수, 하늘에 사는 모든 이들을 창조하신 이시여.
예수, 땅에 있는 모든 것을 구원하시는 이시여.
예수, 지옥의 권세들을 멸하시는 이시여.
예수, 온 피조물을 장식하시는 이시여.
예수, 내 영혼을 위로하시는 이시여.
예수, 내 영을 비추시는 이시여.
예수, 내 마음의 기쁨이시여.
예수, 내 육신의 건강이시여.
예수, 나의 구세주시여, 나를 구원해 주소서.
예수, 나의 빛이시여, 나를 밝혀주소서.
예수, 나를 모든 고통에서 건져주소서.
예수, 내가 비록 부당한 존재이나 나를 구원해 주소서.
예수, 하느님의 아들이시여, 나를 불쌍히 여기소서.

콘타키온 5

오 예수여, 예전에 당신이 흘리신 고귀한 피로 우리를 율법의 저주에서 되사셨던 것처럼, 뱀이 육체의 정념들과 정욕의 유혹들과 죄악된 낙담을 통해 우리를 가두어 버린 덫에서 나를 구해주소서. 우리는 당신께 "알렐루야!"를 외치나이다.

이코스 5

그 손으로 인간을 빚으신 분을 사람의 모습으로 보았을 때, 히브리 자손들은 그분이 주님이심을 이해했고, 종려가지를 들고 아름다우신 그분께 달려가 "호산나!"를 외쳤나이다. 하지만 우리는 당신께 이렇게 성가를 바치나이다.

예수, 참되신 하느님이시여.
예수, 다윗의 자손이시여.
예수, 탁월한 임금이시여.
예수, 흠 없는 어린 양이시여.
예수, 지극히 경이로운 목자시여.
예수, 내 어린 시절의 보호자시여.
예수, 내 청년기의 길잡이시여.
예수, 내 노년기의 찬양이시여.
예수, 내 삶의 희망이시여.

예수, 내 죽음 후의 생명이시여.

예수, 당신의 심판 때 내 위로가 되시는 이시여.

예수, 내 열망이시며, 그날 내가 부끄럽지 않게 하소서.

예수, 하느님의 아들이시여, 나를 불쌍히 여기소서.

콘타키온 6

오 예수여, 어떤 것도 당신을 담을 수 없지만, 당신은 하느님을 품은 영웅들의 예언을 성취하시어 이 땅에 나타나셨나이다. 당신은 사람들 가운데 사셨고, 우리의 고통들을 공유하셨나이다. 당신의 상처로 우리는 치유되었고, 당신께 "알렐루야!"를 노래하게 되었나이다.

이코스 6

당신의 진리의 빛이 세상을 비추니, 악마의 미신은 폐지되었나이다. 오 우리 구세주시여, 우상들은 당신의 권능을 견딜 수 없어 무너져 내렸나이다. 하지만 구원받은 우리는 당신께 외치나이다.

예수, 망상을 사라지게 하는 진리시여.
예수, 모든 광채를 초월하는 빛이시여.
예수, 탁월한 권능을 가지신 임금이시여.
예수, 한결같이 자비로우신 하느님이시여.
예수, 생명의 빵이시여, 허기진 나를 배부르게 해주소서.
예수, 지식의 샘이시여, 내 갈증을 풀어주소서.
예수, 환희의 의복이시여, 내 부패를 가려주소서.
예수, 기쁨의 너울이시여, 내 부정을 덮어주소서.
예수, 구하는 자에게 주시는 이시여, 내게 죄에 대한 탄식의 눈물을 주소서.
예수, 찾는 자에게 나타나시는 이시여, 내 영혼 앞에 나타나 주소서.
예수, 두드리는 자에게 열어주시는 이시여, 가련한 내 마음을 열어주소서.
예수, 죄인들을 구속(救贖)하시는 이시여, 내 부정에서 나를 깨끗하게 하소서.
예수, 하느님의 아들이시여, 나를 불쌍히 여기소서.

콘타키온 7

오 예수여, 영원 전에 감춰진 신비를 드러내길 원하셨기에, 당신은 도살장에 끌려가는 양처럼, 털 깎는 자 앞의 양처럼 아무 말도 없이 끌려가셨나이다. 하지만 하느님으로서 당신은 죽은 자들을 부활시키시어, 당신과 함께 영광스럽게 하늘로 올리셨나이다. 당신은 우리를 부활시키시나니, 당신께 "알렐루야!"를 외치나이다.

이코스 7

창조주께서는 우리에게 나타나실 때 경이로운 피조물을 우리에게 드러내셨나이다. 그분은 씨 없이 동정녀에게서 육화하셨나이다. 그분은 봉인을 깨지 않으시고 무덤에서 부활하시어, 사도들이 머물러 있던, 문이 닫힌 방 안에 육신으로 들어가셨나이다. 그러므로 우리는 경탄하며 찬양드리나이다.

예수, 경계 지을 수 없는 말씀이시여.
예수, 헤아릴 수 없는 로고스시여.
예수, 이해가 불가능한 능력이시여.

예수, 이해를 초월한 지혜시여.

예수, 묘사할 수 없는 신성이시여.

예수, 측량할 수 없는 제국이시여.

예수, 정복할 수 없는 왕국이시여.

예수, 무한한 왕권이시여.

예수, 지고한 능력이시여.

예수, 영원한 권위시여.

예수, 내 창조주시여, 내게 자비를 베푸소서.

예수, 내 구세주시여, 나를 구원하소서.

예수, 하느님의 아들이시여. 나를 불쌍히 여기소서.

콘타키온 8

하느님께서 낯설게도 사람이 되심을 보았으니, 우리도 이 헛된 세상에 낯선 존재가 됩시다. 우리의 정신을 신성한 것들을 향해 들어 올립시다. 하느님께서 이 땅에 오신 것은 바로 이것, 하느님을 향해 "알렐루야!"를 외치는 우리를 하늘로 들어올리기 위함이었도다.

이코스 8

무한자께서 하늘 왕국에 부재하지 않으시면서 동시에 온전히 이 땅에 현존케 되셨도다. 그분은 우리를 위해 자의로 고통 받으시고 자신의 죽음을 통해 우리의 죽음을 죽이셨고, 자신의 부활을 통하여, 이렇게 찬양하는 이들에게 생명을 주셨도다.

예수, 마음의 온유함이시여.

예수, 육신의 힘이시여.

예수, 영혼의 찬란함이시여.

예수, 정신의 예리함이시여.

예수, 양심의 기쁨이시여.

예수, 확실한 희망이시여.

예수, 영원한 기억이시여.

예수, 높은 칭송이시여.

예수, 지극히 찬양되시는 영광이시여.

예수, 내 열망이시여, 나를 내치지 말아주소서.

예수, 내 목자시여, 나를 되찾아 주소서.

예수, 내 구세주시여, 나를 구원하소서.

예수, 하느님의 아들이시여, 나를 불쌍히 여기소서.

콘타키온 9

 오 예수여, 천사들은 하늘에서 당신의 지극히 거룩하신 이름에 끊임없이 영광 돌리며, "거룩하시고 거룩하시고 거룩하시도다" 찬양하나이다. 죄인인 우리는 이 땅에서 진흙 같은 입술로 "알렐루야!"를 외치나이다.

이코스 9

 오 우리 구세주 예수여, 달변가들은 당신에 대해 할 말을 잃고 물고기처럼 벙어리가 되었나이다. 어떻게 당신이 완전한 하느님이시며 동시에 완전한 인간으로 존재하시는지 설명할 수 없었기 때문이나이다. 하지만 우리는 이 신비에 경탄하며 믿음으로 외치나이다.

 예수, 영원한 하느님이시여.
 예수, 임금들의 임금이시여.
 예수, 주들의 주님이시여.
 예수, 산 자들과 죽은 자들의 심판자시여.
 예수, 희망 없는 이들의 희망이시여.

예수, 고통받는 이들의 위로시여.

예수, 가난한 자들의 영광이시여.

예수, 내 행위대로 나를 심판하지 말아 주소서.

예수, 당신의 자비로 나를 깨끗하게 해 주소서.

예수, 내게서 낙담을 몰아내 주소서.

예수, 내 마음의 생각들에 빛을 비추어 주소서.

예수, 내가 항상 죽음을 기억하며 살아가게 해주소서.

예수, 하느님의 아들이시여, 나를 불쌍히 여기소서.

콘타키온 10

떠오르는 태양이시여, 당신은 세상을 구원하길 원하셨기에 우리 본성의 어두운 서녘으로 오시어 죽음에 이르기까지 당신을 낮추셨나이다. 그러므로 당신의 이름은 하늘과 땅의 다른 모든 이름 위에 뛰어나나니, 당신께 "알렐루야!" 외치는 소리를 들으시나이다.

이코스 10

영원하신 임금, 위로자, 참된 그리스도시여, 당신께서 열 명의 문둥병자들을 깨끗하게 하셨듯이, 우리도 모든 불결함에서 해방시켜 주소서. 세리 자캐오의 탐욕스런 영혼을 고쳐주셨듯이, 우리를 고쳐주소서. 그리하여 우리가 회한의 마음 가득하여 당신께 이렇게 외치게 하소서.

  예수, 썩지 않을 보화시여.
  예수, 줄지 않는 풍요시여.
  예수, 힘을 주는 양식이시여.
  예수, 마르지 않는 음료시여.
  예수, 가난한 자의 의복이시여.
  예수, 과부들의 변호자시여.
  예수, 고아들의 보호자시여.
  예수, 일하는 자들의 도움이시여.
  예수, 순례자들의 길잡이시여.
  예수, 여행자들의 안내자시여.
  예수, 폭풍에 흔들리는 이들을 잠잠케 해주소서.
  예수, 내 하느님이시여, 넘어진 나를 일으켜 세워주소서.
  예수, 하느님의 아들이시여, 나를 불쌍히 여기소서.

콘타키온 11

자격 없는 내가 당신께 감미로운 성가를 바치나이다. 가나안 여인처럼 "예수여 나를 불쌍히 여기소서."라고 당신께 외치나이다. 내 딸이 아니라 내 육신이 잔인하게도 정념들의 먹이가 되었고 분노로 타오르기 때문이나이다. 당신께 "알렐루야!"를 외치는 내게 치유를 베풀어주소서.

이코스 11

이전에 바울로는 무지의 어둠 속에 있는 자들을 비추시는 빛이신 당신을 박해하였나이다. 하지만 그는 거룩한 지식으로 울리는 강력한 음성을 듣고 영적인 환상을 통해 빛을 받았나이다. 하오니 어두워진 내 영혼의 눈에도 이 빛을 부어주소서. 나는 당신께 외치나이다.

예수, 지극히 능하신 나의 군주시여.
예수, 지극히 강하신 내 하느님이시여.
예수, 절대 불멸하시는 내 주님이시여.
예수, 지극히 영화로우신 내 창조주시여.

예수, 지극히 선하신 내 안내자시여.

예수, 지극히 자애로우신 내 목자시여.

예수, 지극히 자비로우신 내 주군이시여.

예수, 지극히 관대하신 내 구세주시여.

예수, 정념의 어둠 속에 있는 내 감각들을 비춰주소서.

예수, 죄로 인해 부상 당한 내 육신을 고쳐주소서.

예수, 내 정신을 헛된 생각에서 깨끗하게 해주소서.

예수, 내 마음을 악마적인 열망들에서 지켜주소서.

예수, 하느님의 아들이시여, 나를 불쌍히 여기소서.

콘타키온 12

오, 모든 빚을 갚아주시는 예수여, 내게 은총을 베푸소서. 당신을 부인했던 베드로를 받아주셨듯이 참회하는 나를 받아주소서. 예전에 당신을 박해했던 바울로를 부르셨듯이, 절망한 나를 불러주소서. 내가 당신께 "알렐루야!"를 외치나니 들어주소서.

이코스 12

우리 모두는 당신의 육화를 찬양하며, 당신께 영광 돌리나이다. 우리는 토마와 함께, 당신은 성부 오른편에 앉아계시고, 산 자들과 죽은 자들을 심판하시기 위해 다시 오실 주님이시오, 하느님이심을 믿나이다. 내가 이렇게 당신께 외치오니, 그날, 나도 당신 오른편에 설 수 있도록 해주소서.

예수, 영원한 임금이시여, 나를 불쌍히 여기소서.
예수, 향기로운 꽃이시여, 당신의 향기로 나를 가득 채워주소서.
예수, 사랑스러운 열정이시여, 나를 타오르게 하소서.
예수, 영원한 성전이시여, 나를 그 안에 들여 주소서.
예수, 빛의 의복이시여, 나를 장식해 주소서.
예수, 값비싼 보석이시여, 내게 빛을 발하소서.
예수, 고귀한 진주시여, 내 위에 빛나소서.
예수, 정의의 태양이시여, 내게 빛을 주소서.
예수, 거룩한 빛이시여, 나로 하여금 빛나게 해주

소서.

예수, 나를 영혼과 육체의 질병에서 구원해 주소서.

예수, 나를 적대자들의 손에서 건져주소서.

예수, 나를 꺼지지 않는 불과 영원한 고통들로부터 벗어나게 해주소서.

예수, 하느님의 아들이시여, 나를 불쌍히 여기소서.

콘타키온 13

지극히 온유하시고 자비로우신 예수여, 과부의 동전 두 닢을 받아주신 것처럼 이제 우리의 이 소박한 간청을 받아주소서. 당신의 유산을 보이는 적들과 보이지 않는 적들과 외적의 침략과 질병과 가뭄과 모든 혼란과 치명적인 부상으로부터 지켜주소서. 그리고 당신께 "알렐루야"를 외치는 모든 이들을 다가올 형벌로부터 건져주소서.

이코스 1

천사들의 창조주, 권세들의 주님이시여, 나의 혼란스러운 영과 내 입술을 열어주시어, 지극히 순결하신 당신의 이름을 찬양하게 하소서. 당신은 예전에 귀먹은 벙어리의 귀와 혀를 풀어주셨고, 그는 당신께 이렇게 말하였나이다.

지극히 경이로운 예수, 천사들의 놀라움이시여.
지극히 강하신 예수, 선조들의 해방이시여.
지극히 온유하신 예수, 족장들의 환희시여.
지극히 영광스러운 예수, 임금들의 든든함이시여.
지극히 사랑스러운 예수, 예언자들의 성취시여.
지극히 경탄스러운 예수, 순교자들의 용기시여.
지극히 고요하신 예수, 수도자들의 기쁨이시여.
지극히 자비로우신 예수, 사제들의 감미로움이시여.
지극히 관대하신 예수, 금식하는 이들의 절제시여.
지극히 온유하신 예수, 경건한 이들의 기쁨이시여.
지극히 영예로우신 예수, 동정녀들의 순결이시여.
영원토록 현존하시는 예수, 죄인들의 구원이시여.
하느님의 아들 예수시여, 나를 불쌍히 여기소서.

콘타키온 1, 8조

강력한 군대장이시고 주님이시며 지옥의 정복자시여, 당신의 피조물, 당신의 종인 나는 영원한 죽음에서 해방되었기에, 당신께 찬양의 성가를 바치나이다. 형언할 수 없는 자비를 가지신 당신은 나를 모든 재앙에서 건지셨고, 나는 당신께 "예수, 하느님의 아들이시여, 나를 불쌍히 여기소서."라고 외치나이다.

우리 주 예수 그리스도께 드리는 기도

지극히 지혜로우시고 은혜가 많으신 주님, 우리 구원자시여, 당신은 강생의 빛으로 온 세상 구석구석까지 밝게 비추셨고, 썩지 않고 영원한 지복의 상속을 약속하심으로써 우리를 당신의 거룩한 교회로 부르셨나이다. 당신의 은총 안에서 당신의 무익한 종들인 우리를 내려다보시고, 우리의 불의를 기억하지 말아 주시며, 다만 당신의 무한한 자비에 따라 우리의 모든 죄를 용서해주소서. 비록 우리가 당신의 거룩한 뜻을 저버렸지만 당신이 우리의 하느님, 우리의 구세주이심을 부인하지는 않았나이다. 당신께 우리가 죄를 지었지만, 또한 우리는 당신만을 섬기고, 당신만 믿으며, 당신께만 다가가오니, 우리는 오직 당신의 종이기만을 원하나이다. 우리 본성의 나약함과 적들의 시험과 우리를 사방에서 둘러싸고 있는 세상의 유혹을 기억하소서. 당신의 말씀처럼, 당신의 도움 없이는 우리는 이 모든 것들에 대항하여 아무것도 할 수 없나이다. 우리를 깨끗하게 하시고 우리를 구원하소서! 우리의 유일한 구원자 구속주시여, 우리의 마음을 밝히시어 우리가 당신을 굳게 믿게 해주소서. 우리의 유일하신 하느님 우리의 창조주시여, 우리의 마음에 영감을 주시어, 우리가 전적으로 당신을 사랑하게 하주소서. 우리의 발걸음을 인도하시어 우리가 당신 계명의 빛 안에서 비틀거리지 않고 걷게 해주소서. 오! 우리의 주님, 우리의 창조주시여, 우리에게 당신의 크고도 충만한 자애를 보여주시고, 우리가 우리 삶의 모든 나날을 거룩함과 진리 안에서 살게 해주소서. 그래서 당신의 영광스러운 재림 때에 우리가 당신의 하늘 왕국으로 부르시는 당신의 자애로운 음성을 듣기에 합당한 자가 될 수 있게 해주소서. 당신의 죄 많고 무익한 종들인 우리가 당신의 왕국에 들어갈 수 있도록 허락해주시어, 그 형언할 수 없는 기쁨을 누리며 당신의 영원하신 아버지와 당신의 영원히 살아계시는 거룩한 성령과 당신께 영원토록 영광 돌릴 수 있게 해주소서. 아멘.

달콤한 주 예수, 강하신 하느님의 아들이시여, 당신은 나를 사랑하시는 그 사랑으로 당신의 고귀한 피를 흘리셨고 죽으셨나이다. 그러므로 나는 당신을 사랑하는 그 사랑을 위해 죽을 준비가 되었나이다. 부드러운 예수, 나의 생명, 나의 모든 것이여, 내가 당신을 사랑하고 흠숭하나이다. 내가 당신의 신부가 되길 당신이 원하시는 것처럼, 나 또한 오직 당신만이 내 배우자가 되길 원하나이다. 나는 내 자신을 당신께 드리나이다. 내 자신을 당신께 굴복시키나이다. 오! 예수여, 당신의 마음을 영원토록 내게로 향하게 하셨나니, 내 마음을 치유해주소서. 그리하여 내가 당신 사랑의 그 달콤함을 느끼게 해주시고, 달콤함이 아니라 바로 당신을 맛보게 하시고, 사랑이 아니라 바로 당신만을 추구하게 하시며, 아름다움이 아니라 당신 자신을 사랑하게 해주소서. 당신을 기쁘게 하고 당신의 뜻을 행하는 것 말고는 아무것도 바라는 것이 없나이다. 내가 날마다 참회하며 십자가를 짊어지고 기쁨으로 당신을 따라갈 수 있도록 가르쳐주소서. 믿음과 사랑으로 기도하는 법을 가르쳐 주소서. 당신께서 내 안에 오시어 기도하소서. 그리하여 내가 원수들조차 사랑하고 그들을 위해 기도할 수 있게 해주소서. 예수여, 당신은 내 죽음 안에 있는 생명, 내 약함 안에 있는 능력, 내 어둠 안에 있는 빛, 내 슬픔 안에 있는 기쁨, 내 좌절 안에 있는 용기, 내 불안 안에 있는 평화, 내 기도 안에 있는 순종, 내 불명예 안에 있는 영광, 나를 치욕에서 건져내시는 해방자시나니, 나의 구세주, 나의 치유자이신 예수여, 당신께 영광과 감사를 드리나이다. 아멘.

성 요한 크리소스토모스의 '시간에 따른 기도'

1시. 오 주여, 내게서 당신의 천상의 복락을 빼앗지 마소서.

2시. 오 주여, 나를 영원한 형벌에서 건져주소서.

3시. 오 주여, 내가 마음이나 생각이나 말이나 행동으로 죄를 지었다 해도, 나를 용서해주소서.

4시. 오 주여, 나를 무지와 경솔함과 영혼의 비천함과 돌같이 굳은 마음에서 건져주소서.

5시. 오 주여, 나를 모든 유혹에서 건져주소서.

6시. 오 주여, 악한 욕망들로 어두워진 내 마음에 빛을 비춰주소서.

7시. 오 주여, 나는 사람이기에 죄를 지었나이다. 하지만 당신은 하느님이시오니, 당신의 사랑 많으신 자애로 나를 용서해주소서. 당신은 내 영혼의 연약함을 아시나이다.

8시. 오 주여, 당신의 은총을 내려주시어 나를 도와주소서. 내가 당신의 거룩한 이름에 영광 돌리겠나이다.

9시. 오 주 예수 그리스도시여, 당신의 종인 나를 생명의 책에 기록해 주시고, 내 삶의 마지막

이 복되게 해주소서.

10시. 오 주님의 하느님이시여, 비록 내가 지금껏 당신 앞에서 선한 것이라곤 아무것도 행하지 않았을지라도, 당신의 은총으로 내가 다시 선행을 시작하게 해주소서.

11시. 오 주여, 내 마음에 당신의 은총을 이슬같이 뿌려주소서.

12시. 오 하늘과 땅의 주여, 내가 비록 죄 많고 마음이 차가우며 불결한 당신의 종이오나, 당신의 나라에서 나를 기억해주소서.

13시. 오 주여, 회개하는 나를 받아주소서.

14시. 오 주여, 나를 떠나지 마소서.

15시. 오 주여, 나를 시험에서 건져주소서.

16시. 오 주여, 내게 순결한 생각들을 주소서.

17시. 오 주여, 내게 회개의 눈물, 죽음에 대한 기억, 평화의 감성을 주소서.

18시. 오 주여, 내게 죄를 고백할 마음가짐을 주소서.

19시. 오 주여, 내게 겸손과 사랑과 순종을 주소서.

20시. 오 주여, 내게 관용과 관대와 친절을 주소서.

21시. 오 주여, 내 안에 모든 축복의 뿌리를 심어 주소서. 내 마음에 당신을 두려워하는 마음을 주소서.

22시. 오 주여, 내가 당신을 온 마음과 영혼을 다해 사랑하게 해주소서. 모든 일에서 당신의 뜻에 순종하게 해주소서.

23시. 오 주여, 나를 악한 사람과 악마와 정념과 그 밖의 모든 불의에서 보호해 주소서.

24시. 오 주여, 당신은 당신 피조물을 아시고, 또 피조물에 대해 품으신 뜻을 다 아시오니, 죄인인 내게서 오직 당신의 뜻이 충만하게 이루어지게 하소서. 오직 당신만이 영원토록 찬미 받으실 분이시기 때문이나이다. 아멘.